du Sport

APRÈS

ROÏDES

EN TROIS ANS D'ENTRAÎNEMENT SPORTIF

TOUTES LES ÉCOLES

le guide des Sportifs

SCÉNARIO : GODARD
DESSINS : GHORBANI
COULEURS : LEBEAU

VENTS D'OUEST

37, rue Servan
38008 Grenoble
www.ventsdouest.com

Dépôt légal : février 2010
ISBN : 978-2-7493-0534-9
Achevé d'imprimer en Italie en février 2010 par L.E.G.O. S.p.A.,
sur papier provenant de forêts gérées de manière durable.

À QUI S'ADRESSE CE GUIDE ?
ESSAYONS D'Y VOIR CLAIR ...
À CEUX QUI NE SAVENT MÊME PAS CE QUE ÇA VEUT DIRE, SPORTIF...
C'EST BON POUR LA SANTÉ, LE SPORT. TU DEVRAIS PEUT-ÊTRE FAIRE UN PEU D'EXERCICE ?
TAIS-TOI ET LAVE !
POPS
À CEUX À QUI ON L'A OFFERT, MAIS PAR ERREUR...
REGARDEZ CE QU'ILS VOUS ONT APPORTÉ...
C'EST POUR... SE FOUTRE DE... MA GUEULE ? ...
MAIS NON, TONTON. TANT QU'IL Y A... DE LA VIE...
Y'A DE L'ESPOIR...
À TOUS CEUX QUI DÉTESTENT LE SPORT...
SAUF LE SPORT AVEC DES PETITES PATINEUSES QUI PATINENT AVEC LES PATINS EN L'AIR...
Y'EN A, PAPA ! DEDANS, Y'EN A PLEIN !
À TOUTES CELLES QUI ONT UN MARI DU GENRE "SPORTIF DU DIMANCHE MATIN"...
ON A PRÉVU AVEC LES COPAINS DE FAIRE AU MOINS DEUX CENTS BORNES CE MATIN. JE NE RENTRERAI PAS DE BONNE HEURE...
OUAIS. ON DIT ÇA ! ON EN PARLE DE TON BARATIN, JUSTEMENT, DANS CE BOUQUIN...
À CELLES QUI CONFONDENT SPORT ET SEXE-APPEAL.
JE VAIS REDEVENIR MINCE ET JEUNE GRÂCE AU SPORT, ET ENSUITE ME FAIRE ENLEVER PAR UN PRINCE ARABE...
ÇA RISQUE DE PRENDRE UN TEMPS FOU, HÉLAS !
À TOUS CEUX QUI RÊVENT DE POUVOIR UN JOUR PÉTER LA TRONCHE DE LEUR VOISIN...
IPPOOONNN... LA PREUVE QUE LE JUDO CONSISTE À UTILISER LA FORCE DE L'ADVERSAAAAIRE ...
ALORS CETTE TÉLÉ, TU LA FERMES, OUI ?
MAIS, AVEC PLAI-PLAISIR !
BIEN ENTENDU, ARRIVÉ AU BAS DE CETTE PAGE, JE DOUTE QUE VOUS Y VOYIEZ PLUS CLAIR. ENCORE UNE PAGE OU DEUX ET VOUS ALLEZ COMPRENDRE ...

MAIS D'OÙ ÇA VIENT, AU FAIT, LE SPORT?
DE LA NUIT DES TEMPS, MON BON MONSIEUR...
C'EST PAS TOUT ÇA, LÉON, MAIS QUAND EST-CE QU'ON MANGE ?
WHOUINNN...
WHOUINNN...
GRATT GRATT...
C'EST À CET INSTANT PRÉCIS DE LA PRÉHISTOIRE DES HOMMES QUE ÇA A COMMENCÉ...
... ET QU'ON A ÉDICTÉ LES RÈGLES DE LA MARCHE DITE ATHLÉTIQUE...
BON, BEN... QUAND FAUT Y ALLER, FAUT Y ALLER...
... LA COURSE À PIED...
BRAAAHAAAA...
AAAAAH!?
... LE KUNG-FU...
J'AI ENCORE PERDU MA MASSUE...
PLATCH!
... L'HALTÉROPHILIE...
COMMENT JE VAIS M'Y PRENDRE POUR ME LE METTRE SUR LE DOS, MAINTENANT ?
... LA BRASSE PAPILLON...
BOUGE PAS, J'ARRIVE...
YOUHOUUU...
OÙ SUIS-JE?
... LE TIR À L'ARC...
SAUVÉ !
J'AI PAS ENCORE INVENTÉ L'ARC, CAR JE NE SUIS PAS UNE FLÈCHE, MAIS IL VA FALLOIR QUE JE M'Y METTE !
L'INVENTION DU SPORT ÉTAIT INÉVITABLE, FRUIT DE LA VIE COURANTE. NOUS ALLONS VOIR COMMENT, CE FAISANT, LE SPORT NE POUVAIT ENGENDRER À CHAQUE FOIS QU'UN GAGNANT POUR PLEIN DE PERDANTS ...

LES GRANDES CATÉGORIES DE SPORTIFS
1/CEUX QUI EN PARLENT
OÙ LES RENCONTRE-T-ON ?
... AU BISTROT...
MOI J'DIS, LE SPORT, C'EST BIEN, MAIS C'EST COMME TOUT, FAUT PAS EN ABUSER...
C'EST TRÈS, FREUH KREUH ... VRAI...
REMETTEZ-NOUS ÇA, PATRON !
BAR
DEVANT LA MACHINE À CAFÉ...
LE PATRON EN FAIT, DU SPORT, ET AFFIRME QU'IL FAUT EN FAIRE SI ON VEUT ÊTRE COMPÉTITIF... VA FALLOIR QUE JE M'Y METTE...
OUAIS. SURTOUT POUR VENDRE DES SANTONS CHINOIS.
EN REGARDANT LA TÉLÉ...
IL ÉTAIT DANS LA SURFACE DE RÉPARATION !
NON, MAIS REGARDEZ-MOI CET ABRUTI...
À MORT L'ARBITRE !
DANS LE RER, LE MATIN, EN LISANT L'ÉQUIPE...
T'AS VU CE SÉLECTIONNEUR DE MES DEUX ? IL A ÉCARTÉ BONGO DI TATANO...
ET IL A PRIS ZUKOWSKAÏA ZIGOMATT À LA PLACE, QUI EST UNIJAMBISTE !
MOI JE DIS, FAUT L'VIRER !
L'ÉQUIPE
L'ÉQUIPE
... EN ASSISTANT AUX MATCHES DE L'ÉQUIPE DU COIN...
MAIS OÙ IL EST MON CLAIRON ? T'AS OUBLIÉ MON CLAIRON ? T'ES VRAIMENT NULLE !
PON PON PONNN...
COMMENT QU'Y VA FAIRE POUR ENCOURAGER SON ÉQUIPE, MAINTENANT, ALORS ?
...ET SURTOUT À LA FIN DU MATCH, LES CONVERSATIONS VONT BON TRAIN...
LÀ-BAS, C'EST DES SUPPORTERS DE L'AS-SAINT-BORNIOUS...
ALLONS-Y !
ON LES CHOPE ET ON LES FOUT À LA FLOTTE !
SORTIE NORD
OLYMPIQUE SAINT-BONA
AS-SAINT-BORNIOUS
LE SPORT EST UN SUJET DE CONVERSATION INÉPUISABLE, ET TOUJOURS PASSIONNANT.

LES GRANDES CATÉGORIES DE SPORTIFS
2/CEUX QUI EN ONT FAIT (ÉTANT JEUNES)
ILS NE MANQUENT PAS UNE OCCASION DE VOUS LE RAPPELER...
PARFAITEMENT, GERMAINE ! À VINGT ANS, JE PASSAIS DEUX MÈTRES DIX FASTOCHE, ET EN ROULEAU VENTRAL(*), ENCORE !
TAIS-TOI ET SAUTE !
(*) TECHNIQUE ANCIENNE (ABANDONNÉE).
HÉ ! OH ! C'EST QUE J'AI FRISÉ LES DIX SECONDES AU CENT MÈTRES, MOI, À UNE CERTAINE ÉPOQUE !
PROFITES-EN POUR ALLER CHERCHER FISSA DES NOUVELLES CANETTES, LE FRIGO EST MOINS LOIN !
SI J'AVAIS ÉTÉ AIDÉ PAR MES PARENTS, SACHE QUE J'AVAIS L'ÉTOFFE D'UN GRAND CHAMPION DANS LES SPORTS MÉCANIQUES ...
ÇA SE VOIT TOUT DE SUITE ...
MAISON DE RETRAITE LES CAMÉLIA
POT POT POT
T'AS TORT DE ME CHERCHER, GUSTAVE ! J'AVAIS DE L'AVENIR DANS LA BOXE FÉMININE, JADIS. MALHEUREUSEMENT C'ÉTAIT MAL VU POUR LES FEMMES !
ENCORE AUJOURD'HUI, HEIN !
OUI, BON, D'ACCORD ! TU LANÇAIS LE POIDS À QUINZE MÈTRES DANS L'AS BOUZIGUES DE L'ÉQUIPE DES AMATEURS ...
ON LE SAURA !
ALORS, TU TIRES OU TU POINTES ?
MOI, L'MARATHON, QUAND J'ÉTAIS MINOT, LES DOIGTS DANS L'NEZ, MES ENFANTS ! J'POURRAIS ENCORE LE FAIRE, SI J'AVAIS PAS UN PEU D'ARTHROSE ...
... DE L'EMPHYSÈME ...
... DU DIABÈTE ...
... ET DES VARICES.
OUI, PÉPÉ. IL S'EN FAUT DE PEU, FINALEMENT ...
MARATHON DE CASSIS
LE DIFFICILE, QUAND ON A FAIT DU SPORT AUTREFOIS, C'EST D'ARRIVER À L'OUBLIER ...

LES GRANDES CATÉGORIES DE SPORTIFS
3/CEUX QUI VONT EN FAIRE BIENTÔT
C'EST IMMINENT, PROMIS...
JE TE PRÉVIENS, JE COMMENCE DEMAIN ET JE NE MANGE PLUS QUE DES SUCRES LENTS* ...
DÉSOLÉE, MAIS AVEC LE RMI ON NE PEUT S'OFFRIR QUE DES PÂTES ET DU RIZ...
* SUCRES LENTS = PÂTES ET RIZ.
IL FAUT QUE JE PERDE ENCORE DIX KILOS, ET C'EST DIT, JE M'Y METS !
TU SAIS TRÈS BIEN QUE C'EST TOI QUI AS DÉTRAQUÉ CETTE BALANCE IL Y A PLUS DE DIX ANS.
MAIS POURQUOI AVOIR CHOISI LE SURF, PAPA ?
ON HABITE À 300 KILOMÈTRES DES CÔTES...
VU LE CLIMAT DONT LA DÉGRADATION S'ACCÉLÈRE, LA MER SERA À NOTRE PORTE DANS UNE SEMAINE...
FART FART
COMME JE VEUX M'Y METTRE AUSSI, JE CHERCHE QUELQU'UN QUI ACCEPTE DE COURIR AVEC MOI LE MATIN... À DEUX, C'EST PLUS... EN TOUT BIEN TOUT HONNEUR...
EN TOUT BIEN TOUT HONNEUR, AFFEUH, ÇA NE M'INTÉRESSE PAS...
MAIS... QU'EST-CE QUE C'EST QUE TOUT ÇA, FISTON ?
DES PROTÉINES, DE LA CRÉATINE, DES ANABOLISANTS, DES ANTI-CATABOLIQUES, DES ACIDES AMINÉS, DE L'HORMONE DE CROISSANCE, DE L'ÉPHÉDRINE, DES STÉROÏDES, DE LA TESTOSTÉRONE, DES VITAMINES ET DES COMPLÉMENTS POUR COMPLÉTER ! BREF ! DANS 15 JOURS, JE ME PRÉSENTE À MONSIEUR UNIVERS.
STEP
PROT
POWER MASS
MAX
T'AS JUSTE OUBLIÉ LES HALTÈRES !
LA VEILLE DU JOUR OÙ ON COMMENCE À FAIRE DU SPORT, ON IGNORE ENCORE UNE CHOSE ESSENTIELLE : CE QU'EST UNE VRAIE COURBATURE...

LES GRANDES CATÉGORIES DE SPORTIFS
4/CEUX QUI EN FONT POUR DE BON
AU FAIT, LE SPORT, QU'EST-CE QUE C'EST ?
ESSAYONS D'Y VOIR CLAIR, INTERROGEONS QUELQUES SPÉCIALISTES ...
DÉMÉNAGEURS
LAKASS
FAIRE DU SPORT ? J'AI PAS LE TEMPS, JE TRAVAILLE, AFFFUUU, MOI, MONSIEUR ...
FRAGILE
J'Y PÔ PAS VOUS DIRE, J'Y ÊTRE PAYÉ AU BLACK, ET J'Y ÊTRE VIRÉ SI J'Y OUVRE MA GUEULE ...
OH, VOUS SAVEZ, MOI JE DIS, LE SPORT, C'EST PLUTÔT POUR LES JEUNES ...
RAONNN FRIIZZZ RAONNN
ÇA LES AMUSE, LES JEUNES ...
REPASSEZ PLUTÔT, AÏE ! DANS UNE HEURE, ON LES AURA, AÏE ! CALMÉS ...
C'EST ÇA !
CRS
TOMB TOMB TOMB
J'Y PÔ PAS EN FAIRE, LÀ-DIS-DON ! LE TOUBIB DE LA SÉCU, IL DIT J'Y SUIS CARDIAQUE, J'Y DOIS PAS FAIRE DI ZEFFORTS PHYSIQUES ...
BOM ! BRRROMM
BADOMM...
ÉVIDEMMENT, MONSIEUR TOUT-LE-MONDE N'EST PAS LE MIEUX PLACÉ POUR NOUS RENSEIGNER, QUESTION SPORT ...

LE SPORT SELON LE DICO
UN PEU DE PRÉCISION NOUS METTRA DE L'ORDRE DANS LES IDÉES ...
DÉFINITION DU MOT "SPORT" : "ENSEMBLE D'EXERCICES PHYSIQUES INDIVIDUELS OU COLLECTIFS, SE PRATIQUANT SELON DES RÈGLES PRÉCISES, QUI AMÉLIORENT LES QUALITÉS PHYSIQUES DE L'HOMME".
VÉRIFIONS LA VÉRACITÉ DE CETTE DÉFINITION, ET COMMENÇONS PAR LA BOXE ...
C'EST VRAI, ÇA AMÉLIORE BEAUCOUP DE CHOSES ... LE ... LA ... HEU ...
... LES REVENUS DE MON DENTISTE ...
LE TENNIS ...
LA BALLE ÉTAIT DEHORS, ESPÈCE DE TARE, VOYOU, MINABLE, DÉGONFLÉ, INCAPABLE, RÉSIDU DE BALAYURE, ENFLURE GROTESQUE ...
ÇA AMÉLIORE LE VOCABULAIRE ...
LE SUMO ...
BOUUUURP!
... ÇA AMÉLIORE GRANDEMENT LE RÉGIME ALIMENTAIRE ...
L'ALPINISME ...
IL A DÉVISSÉ BÊTEMENT ... MILLE MÈTRES PLUS BAS ...
ÇA VA ÊTRE COTON POUR REMONTER LE CORPS ...
ÇA AMÉLIORE L'EFFICACITÉ DES SAUVETEURS ...
LE FOOTBALL ...
ARRÊT CARDIAQUE, IL EST MORT ...
AÏE! ON NE VA PLUS JOUER QU'À 10, ALORS ...
ÇA AMÉLIORE LE SCORE DE L'ÉQUIPE ADVERSE ...
LA COURSE À PIED ...
BREF! ON VOIT BIEN QUE ÇA AMÉLIORE LA CONDITION PHYSIQUE DE L'HOMME ET DE LA FEMME ...
TU ES SÛRE QUE TON MARI NE RISQUE PAS DE ...
À CETTE HEURE-LÀ, IL FAIT SON FOOTING ...

LE SPORT AMÉLIORE-T-IL LE MENTAL ?
BEN OUI, AU FAIT...
VU QUE LE MENTAL, ÇA SE LOGE DANS LE CERVEAU (HEIN, JE ME TROMPE PAS, LÀ ?), ET QUE LE CERVEAU, C'EST... PHYSIQUE, NON ?
POSONS-LEUR LA QUESTION...
VOUS PRATIQUEZ LE TENNIS DE HAUT NIVEAU. ÇA VOUS A AMÉLIORÉ LE MENTAL ?
KOIK ?
MAINTENANT QUE VOUS ÊTES CHAMPION D'EUROPE POIDS-LOURD, SI JE DIS BOXE ET MENTAL, VOUS RÉPONDEZ ?
AH BON ?
PLAT DU JOUR
ALATRASS
C'EST VOUS QUI AVEZ MARQUÉ CE BUT DÉCISIF EN ÉQUIPE DE FRANCE ? ... GRÂCE AU MENTAL ?
SPONG ! SPONG ! SPONG ! SPONG !
LE MENTAL ET LE 100 MÈTRES EN MOINS DE 10 SECONDES, ÇA A UN RAPPORT ?
EEEEH ! REVENEZ !
IL EST PARTI...
QU'EST-CE QUE J'AI DIT ?
POUR SOULEVER 180 KILOS À L'ÉPAULÉ-JETÉ, VOUS DEVEZ AVOIR UN MENTAL EN ACIER TREMPÉ, NON ?
--. ..- . ? (1)
(1) GUÉ ?
VOTRE ÉLÈVE DOMINE LA NATATION MONDIALE GRÂCE À SON MENTAL, JE PRÉSUME ?
MAIS NON, C'EST PARCE QU'ELLE EN BRANCHIE TOUS LES JOURS À L'ENTRAINEMENT, TÊTE DE NOEUD !
?
VOUS DEVEZ CETTE ENQUÊTE EXPRESSE UNIQUEMENT AU MENTAL DE NOTRE REPORTER.

COMMENT DEVIENT-ON SPORTIF ?
EST-CE UNE MALÉDICTION ?
NON, MAIS LES CAUSES SONT MULTIPLES. PARFOIS ÇA SE DESSINE TRÈS TÔT...
CHÉRIIIII! J'AI PERDU BÉBÉ ?!?
AGAAA
MAOWW
MAIS NOOON, IL EST GRIMPÉ AUX RIDEAUX POUR FAIRE COMME LE CHAT...
PARFOIS, C'EST QUAND ON EN A MARRE DE SE FAIRE CASSER LA GUEULE...
M'DAME, Y A FABIEN QUI M'A TAPÉ POUR QUE JE LUI DONNE MA TABLETTE DE CHOCOLAAAT...
LA PROCHAINE FOIS, ENVOIE LUI TON PIED DANS LA TRONCHE, ÇA S'APPELLE DU KUNG-FU!
PARFOIS, C'EST JUSTE POUR TROUVER DU BOULOT...
DÉSOLÉ. REPASSE QUAND TU FERAS 50 KILOS DE MUSCLES EN PLUS, PATATE!
HAVANA NIGHT
ON CHERCHE VIDEUR EXPÉRIMENTÉ
S'ADRESSER ICI.
CLUB PRIVÉ
PARFOIS, C'EST PAR GOÛT DE L'IMITATION...
P'PA! J'VEUX FAIRE DU FOOTING AVEC TOI!
RENTRE À LA MAISON, FILS D'IMBÉCILE!
PARFOIS, C'EST POUR GAGNER UN MAX DE THUNES...
GAMIN, J'AI RÉFLÉCHI... FALLAIT QUE J'ACHÈTE SOIT LA MAJORITÉ DES ACTIONS DANS UNE GROSSE BOÎTE, SOIT UN BALLON...
...1345... 1346... 1347...
...J'AI ACHETÉ UN BALLON.
PARFOIS, C'EST JUSTE POUR ÉCHAPPER AUX HUISSIERS...
REVENEZ ICI, ESPÈCE DE MALHONNÊTE!
FAIRE PAYER SES DETTES À UN "YAMAKASI", C'EST PAS FACILE-FACILE...
KLING!
BONG!
COMME VOUS VOYEZ, LES MOTIVATIONS DES CHAMPIONS SPORTIFS SONT TRÈS VARIÉES. AVARIÉES, MÊME, PARFOIS.

À QUOI RECONNAÎT-ON UN VRAI SPORTIF?
DES SIGNES PRESQUE INVISIBLES LE TRAHISSENT TOUJOURS...
UN VRAI SPORTIF A DES OBSESSIONS. TOUJOURS.
CHAQUE MATIN, JE M'HABILLE EN 7 MINUTES ET 20 SECONDES. IL FAUT QUE J'ARRIVE À DESCENDRE EN DESSOUS DE 6,40...
PYJAMA
ENSUITE, IL VA DEVOIR M'ATTENDRE PENDANT UNE HEURE.
OBSESSION N°1 : LE TEMPS.
JE DOIS RÉUSSIR À FAIRE AU MOINS 4 PANIERS SUR 5...
IL Y A AUSSI LE SYSTÈME QUI CONSISTE À RAPPROCHER LA CORBEILLE...
OBSESSION N°2 : LA PRÉCISION.
JE PEUX RESTER 3 MINUTES 30 SANS RESPIRER. FAUT QUE JE TIENNE JUSQU'À 4 MINUTES, SANS FAUTE !
CHICHE QUE JE LE LAISSE SE NOYER ... LE CRIME PARFAIT, DIS DONC !
C'EST CE SOIR OU JAMAIS !
GLOUPS GLOUPS
OBSESSION N°3 : LA CAPACITÉ PULMONAIRE.
CETTE TOUR N'A QUE 30 ÉTAGES. JE MÉPRISE L'ASCENSEUR QUI EST BOURRÉ DE MIASMES...
ESCALIERS
ARRIVÉ EN HAUT, IL EST TELLEMENT CREVÉ QU'IL NE FOUT PLUS RIEN DE LA JOURNÉE ...
À PART TOUSSER ...
OBSESSION N°4 : LE SURPASSEMENT DE SOI.
CET IMBÉCILE S'IMAGINE QU'IL VA FAIRE LE TOUR DE L'ÎLE PLUS VITE QUE MOI ... HAHAHA ! IL SE GOURE.
CE DINGUE M'AVAIT INVITÉE À UNE PROMENADE RO-MAN-TIQUE, QU'IL DISAIT !
BANG !
OBSESSION N°5 : LA COMPÈTE.
JE FAIS MON DEVOIR CONJUGAL EN 3 MINUTES ET 20 SECONDES, EN MOYENNE. IL FAUT QUE JE FASSE AUSSI BIEN EN 3 MINUTES PILE !
JE PEUX SIMULER EN 1 MINUTE 30, SI ÇA PEUT TE FAIRE PLAISIR ...
OBSESSION N°6 : LES SUPPORTERS.
UN SPORTIF, ON LE VOIT, N'EST PAS UN HOMME COMME LES AUTRES. LES AUTRES NON PLUS, D'AILLEURS...

LE SPORT EST-IL UNE ÉCOLE DE LA VIE ?
ET COMMENT ! SAUF QU'IL N'Y A PAS DE COURS DE RATTRAPAGE...
LE SPORT APPREND CE QUI EST PERMIS ET CE QUI NE L'EST PAS...
NON, MARCEL ! TU ENVOIES TON PIED DANS LE BALLON. PAS DANS TON ADVERSAIRE !
PLOF !
OUHYAAA !!!
LE SPORT DÉVELOPPE LE GOÛT DE L'EFFORT...
NON, GÉRARD, TU PORTES TON CARTABLE TOI-MÊME...
ARF-ARFUHHH
ÉCHANGE DE SERVICES. JE LE PROTÈGE ET IL FAIT LE BOULOT...
IRON MAN
LE SPORT CULTIVE L'ESPRIT D'ÉQUIPE...
DÉSOLÉ, MESSIEURS, MAIS ON NE PORTE PAS DE CAGOULE POUR JOUER AU RUGBY...
C'ÉTAIT POUR ÉVITER QUE ÇA DÉGÉNÈRE...
7
LE SPORT ENTRETIENT L'AMITIÉ...
TU FAIS SEMBLANT D'AVOIR UNE CRAMPE AU 2ÈME JEU ET JE MARQUE LE POINT DE LA VICTOIRE, OK ?
JE PRÉFÈRE SIMULER UN CLAQUAGE, ÇA TE DÉRANGE PAS ?
BNV PARI
LE SPORT GÉNÈRE DE LA FRATERNITÉ (VIRILE) ENTRE LES PEUPLES...
PING ! PANG !
BOUM !
BLAF
POF !
TOUTES LES ARMES PAR TERRE AVANT LE DÉBUT DU MATCH, MESDEMOISELLES...
LE SPORT ÉLÈVE L'ÂME VERS DES SOMMETS SUBLIMES...
SURTOUT DANS LE FREEFIGHT* ...
ABSOLUMENT. JE LUI BOURRE LA GUEULE, MAIS JE LE RESPECTE.
BOM PLAK FLOK KLONK !!
*FREEFIGHT = SPORT DE COMBAT OÙ TOUS LES COUPS SONT PERMIS.
CELA DIT, LES SPORTS NE SONT PAS TOUS AUSSI FORMATEURS. À CE SUJET LE PING-PONG, RECONNAISSONS-LE, ÇA CRAINT...

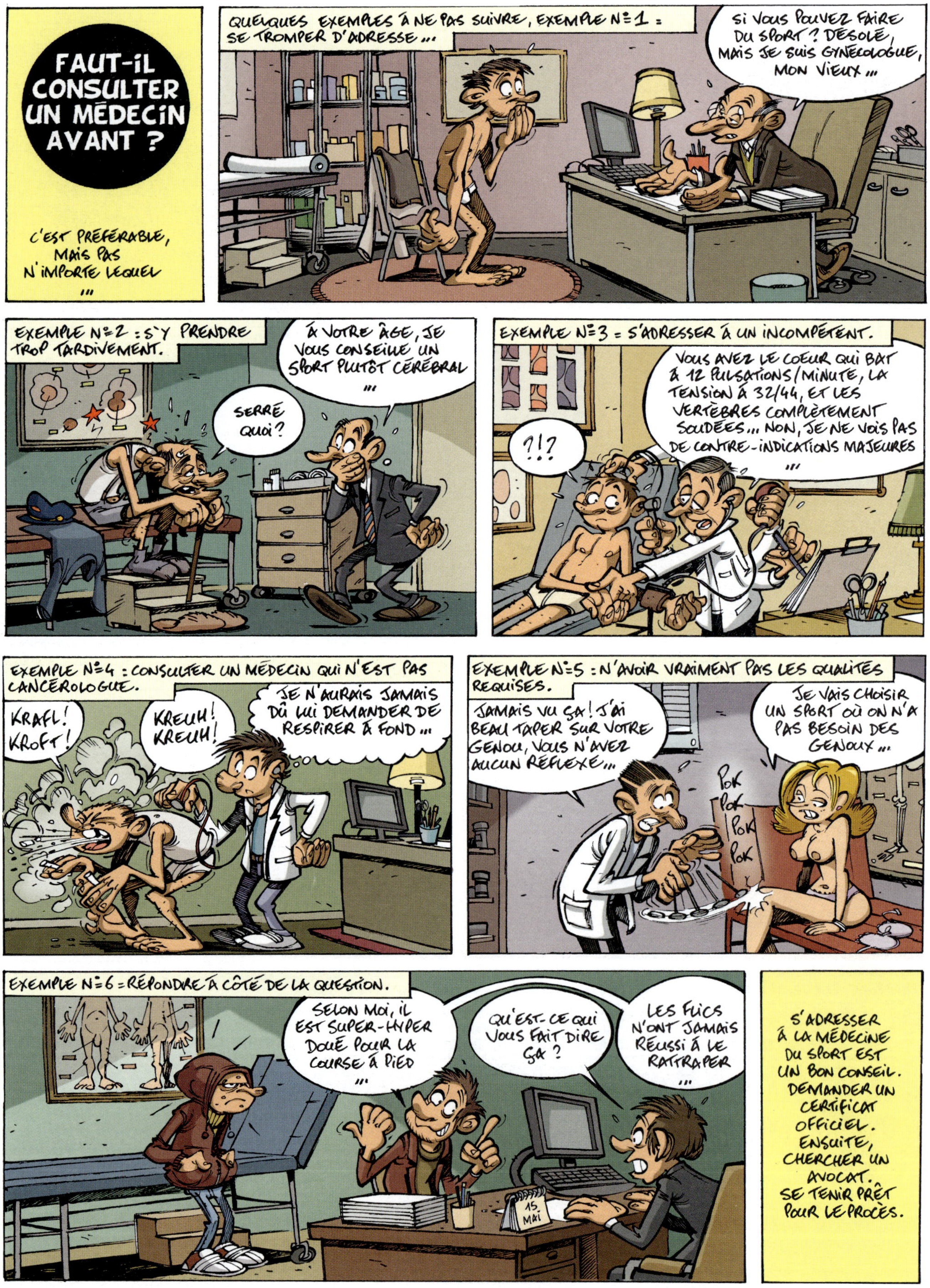
FAUT-IL CONSULTER UN MÉDECIN AVANT ?
C'EST PRÉFÉRABLE, MAIS PAS N'IMPORTE LEQUEL ...
QUELQUES EXEMPLES À NE PAS SUIVRE, EXEMPLE N° 1 = SE TROMPER D'ADRESSE ...
SI VOUS POUVEZ FAIRE DU SPORT ? DÉSOLÉ, MAIS JE SUIS GYNÉCOLOGUE, MON VIEUX ...
EXEMPLE N° 2 : S'Y PRENDRE TROP TARDIVEMENT.
À VOTRE ÂGE, JE VOUS CONSEILLE UN SPORT PLUTÔT CÉRÉBRAL ...
SERRE QUOI ?
EXEMPLE N° 3 = S'ADRESSER À UN INCOMPÉTENT.
VOUS AVEZ LE COEUR QUI BAT À 12 PULSATIONS/MINUTE, LA TENSION À 32/44, ET LES VERTÈBRES COMPLÈTEMENT SOUDÉES... NON, JE NE VOIS PAS DE CONTRE-INDICATIONS MAJEURES ...
?!?
EXEMPLE N° 4 : CONSULTER UN MÉDECIN QUI N'EST PAS CANCÉROLOGUE.
KRAFL ! KROFT !
KREUH ! KREUH !
JE N'AURAIS JAMAIS DÛ LUI DEMANDER DE RESPIRER À FOND ...
EXEMPLE N° 5 : N'AVOIR VRAIMENT PAS LES QUALITÉS REQUISES.
JAMAIS VU ÇA ! J'AI BEAU TAPER SUR VOTRE GENOU, VOUS N'AVEZ AUCUN RÉFLEXE ...
JE VAIS CHOISIR UN SPORT OÙ ON N'A PAS BESOIN DES GENOUX ...
POK POK POK POK
EXEMPLE N° 6 = RÉPONDRE À CÔTÉ DE LA QUESTION.
SELON MOI, IL EST SUPER-HYPER DOUÉ POUR LA COURSE À PIED ...
QU'EST-CE QUI VOUS FAIT DIRE ÇA ?
LES FLICS N'ONT JAMAIS RÉUSSI À LE RATTRAPER ...
15 MAI
S'ADRESSER À LA MÉDECINE DU SPORT EST UN BON CONSEIL. DEMANDER UN CERTIFICAT OFFICIEL. ENSUITE, CHERCHER UN AVOCAT. SE TENIR PRÊT POUR LE PROCÈS.

FAUT-IL ÊTRE INTELLIGENT POUR FAIRE DU SPORT ?
CE N'EST PAS NÉCESSAIRE, MAIS DANS CERTAINES DISCIPLINES UN MINIMUM EST TOUT DE MÊME REQUIS...
POUR COURIR LE 100 MÈTRES...
DÉSOLÉ, MAIS C'EST PAR LÀ QU'IL FAUT COURIR...
SI JE VEUX !
POUR JOUER AU FOOT...
EH, MIMILE, ARRÊTE DE DRIBBLER AVEC CE CHAPEAU MELON QU'UN CRÉTIN VIENT DE JETER...
HEIN?
POF
POF
POF
POUR BOXER...
NON, PAULO, CE NE SONT PAS DES GANTS DE BOXE ! TU CONFONDS AVEC DES GANTS DE MÉNAGE...
JE ME DISAIS AUSSI, QU'EST-CE QUE C'EST DUR DE FAIRE LA VAISSELLE...
POUR COURIR LE 4 FOIS 400...
DÉSOLÉE. J'AI MANGÉ UNE TARTINE DE CONFITURE AVANT LE DÉPART, ET... IMPOSSIBLE DE...
POUR PARTICIPER À UN TOURNOI D'ESCRIME...
MONSIEUR DE LA BOULAYE, CETTE TENUE N'EST PAS RÉGLEMENTAIRE...
AH, NON ! C'EST UN PEU COURT, JEUNE HOMME... ON POUVAIT DIRE... OH DIEU ! BIEN DES CHOSES EN SOMME...(*)
SCORE
(*) CYRANO DE BERGERAC.
POUR LANCER LE DISQUE...
MON VINYLE DE COLLECTION DE MICHEL SARDOU !!!
HOP!
DEPUIS LE TEMPS QUE J'EN AVAIS ENVIE...
LES EXEMPLES ABONDENT QUI PROUVENT QUE LES SPORTIFS SONT GÉNÉRALEMENT TRÈS INTELLIGENTS. D'AILLEURS, CERTAINS DEVIENNENT MINISTRES, ALORS...

LES SPORTIFS SONT-ILS UTILES À LA SOCIÉTÉ ?
ET COMMENT ! D'AILLEURS, LE PRÉSIDENT DE LA RÉPUBLIQUE LUI-MÊME...
ILS SONT IRREMPLAÇABLES. ILS REPRÉSENTENT UN MODÈLE, UN POINT DE REPÈRE, UN MODE DE VIE SAIN, BREF ! UN EXEMPLE !
PANG PANG PANG AAAAAAH PLAF !
PLUS TARD, MOI, JE VEUX ÊTRE MESRINE !
?
IL ÉTAIT SPORTIF, MESRINE ?
ET TOI, FIRMIN, QU'EST-CE QUE TU VEUX FAIRE PLUS TARD ?
CHAMPION DE QUELQUE CHOSE, POUR AVOIR PLEIN DE MEUFS !
OUAIS !
SUPER !
UN PLAN D'ENFER !
MOI AUSSI, ÉTANT JEUNE, JE VOULAIS ÊTRE COUREUR CYCLISTE...
ET QU'EST-CE QUI T'AS MANQUÉ ?
UN VÉLO.
VAS-Y ! VAS-Y... VAS-Y !...
QU'EST-CE QUI LUI PREND ?
IL S'ENTRAINE...
PLUS TARD IL NE VEUT PLUS ÊTRE NAGEUR, IL VEUT ÊTRE ENTRAINEUR SUR LE BORD DE LA PISCINE...
... ET QU'EST-CE QUE VOUS FAITES, AU JUSTE, DANS LA VIE ?
NAVIGATEUR SOLITAIRE. SI ÇA VOUS TENTE, JE VOUS EMMÈNE TOUTES !
LA CAUSE EST ENTENDUE, LA SOCIÉTÉ NE SAURAIT SE PASSER DES SPORTIFS SANS COURIR LE RISQUE DE VOIR LA RACE HUMAINE GRAVEMENT DÉGÉNÉRER. DÉJÀ QU'AVEC, HEIN, ENTRE NOUS...

CERTAINS SPORTIFS PRATIQUENT ÉGALEMENT UN MÉTIER
CELA INFLUE-T-IL SUR LEUR COMPORTEMENT ?
LÉGÈREMENT. VOYONS QUELQUES EXEMPLES : GARAGISTE ET COUREUR AUTOMOBILE...
J'AURAIS DÛ LE PRÉVENIR QUE J'AI UN PEU GONFLÉ SON MOULIN...
VROAAAA
DÉMINEUR ET GOLFEUR...
ON VA SAVOIR TOUT DE SUITE SI C'EST UNE MINE...
T'ES DINGUE ! FAIS PAS ÇA, ANTOINE !...
PROFESSEUR DE MATHS, ET BOXEUR POIDS LOURD...
QUI, MOI ? NON, ÇA NE BRONCHE PAS DANS MA CLASSE... PAS DU-TOUT-DU-TOUT...
???
POMPIER ET SAUTEUR À LA PERCHE...
DZINNG
NON, CE N'EST RIEN ! CE N'EST QUE MON FRICHTI QUI A CRAMÉ...
HUISSIER ET RUGBYMAN...
INUTILE DE VOUS CARAPATER, MON VIEUX ! J'AI UNE SOMMATION À VOUS DÉLIVRER D'AVOIR À PAYER VOS IMPÔTS...
INFIRMIER ET LANCEUR DE JAVELOT...
VOUS Y TENEZ VRAIMENT ?
RASSUREZ-VOUS, J'AI DÉJÀ RÉUSSI 78 MÈTRES AVEC UN JAVELOT RÉGLEMENTAIRE...
DIX EUROS QU'IL PLANTE N'IMPORTE OÙ...
TENU !
CERTES ! LE SPORT EST UNE FAÇON PARTICULIÈRE D'APPRÉHENDER LA VIE. MAIS IL Y A PIRE... (LIRE LA COLLECTION COMPLÈTE DES GUIDES VENTS D'OUEST)

LE SPORTIF ET LA ViE DE FAMILLE
C'EST PAS DE LA TARTE.
CHAPiTRE 1 :
LE MATiN AU RÉVEiL...
LE SPORTiF EST GÉNÉRALEMENT DE BONNE HUMEUR ET PLEIN D'ENTRAIN DÈS CINQ HEURES...
DEBOUT LÀ-DEDANS, C'EST L'HEURE !
Hiiiiiii
BEUHARRRRP...
J'AI DÉJÀ DiT DEBOUT LÀ-DEDANS !
HAHiii...
...AHOOO, LA BARBE !
BONK !
HEiN ? C'EST QUOi QUi FAiT QUi ?
DEHORS, LE CHiEN ! ET AU GALOP LA PiPiSSE...
ARFFF... J'VOUS JURE ! MÊME PAS LE TEMPS DE RENiFLER TRANQUiLLE...
AVEC LE SPORTiF, LA PiPiSSE SE FAiT TOUJOURS AU PAS DE COURSE...
ARFFF... C'EST PAS UNE ViE...
LÀ ! QU'EST-CE QUE JE VOiS ?!
KORN FLAKS
POWER LiFE
DE LA CRÈME FRAÎCHE !! C'EST DU POiSON, LA CRÈME FRAÎCHE !
J'AI DÉJÀ DiT : DES FLOCONS D'AVOiNE POUR TOUT LE MONDE, ET SANS SUCRE !
MÊME POUR LE CHiEN ?
LAiT
MÊME POUR LE CHiEN !
TOUTE CETTE BONNE CRÈME FRAÎCHE À L'ÉGOUT... LES RATS VONT SE GOiNFRER...
CRÈME
À SiX HEURES, LE SPORTiF FONCE VERS LE BOiS LE PLUS PROCHE, iL LUi RESTE UNE HEURE POUR FAiRE SON FOOTiNG...
RiCHARD, LAiSSE PARTiR LE FOU QUi CONDUiT COMME UN DiNGUE, SURTOUT, ET RESTE EN ViE, S'iL TE PLAÎT...
VROO
POUR LE SPORTiF, LE TEMPS, CE N'EST PAS DE L'ARGENT, C'EST DU MUSCLE...

LE SPORTIF ET LA VIE DE FAMILLE
C'EST MÊME L'ENFER.
CHAPITRE 2 :
APRÈS LE BOULOT, LE RETOUR (PRÉMATURÉ)...
WWWWRRAAAOOOMMM...
ATTENTION, J'ENTENDS LA VOITURE QUI... VOILÀ PAPA... RANGEZ LES JEUX VIDÉO, LE PUZZLE, LES ...
SWLAAAAM!
AÏE! TROP TARD!
ÇA VA CHAUFFER!
TU ES RENTRÉ DE BONNE HEURE AUJOURD'HUI, PETIT PAPA CHÉRI ...
N'ESSAIE PAS DE NOYER LE POISSON, TU DEVRAIS ÊTRE PRÊTE POUR ALLER À TON COURS DE GYMNASTIQUE AU SOL...
ALATRASS
ET TOI, JOJO, SITÔT DE RETOUR, JE VEUX TE TROUVER DEVANT LE PANNEAU DE BASKET EN TRAIN DE T'ÉCHAUFFER...
QUAND JE PENSE QU'ON PEUT EN FAIRE AUTANT AVEC UN JEU VIDÉO SANS SE FATIGUER ...
ALATRASS
AMÉLIE, IL N'EST PAS QUESTION DE MANGER ÇA !
AH BON ? MAIS CE N'EST QU'UN RAGOÛT DE MOUTON !
ALATRASS
RICHARD, LAISSE PASSER LE FOU QUI CONDUIT COMME UN DINGUE, SURTOUT, ET RESTE EN VIE, S'IL TE PLAÎT...
VROOOO
VROO
CE SOIR-LÀ...
POUR BIEN DORMIR D'UN SOMMEIL PROFOND, RIEN DE TEL QUE TROIS SÉRIES DE 12 POMPES... ET EN CADENCE...
AMÉLiiiiiiE! ON T'ATTEND!
COMMENCEZ SANS MOI ...
FIT NESS
MAIS PAPA...
IL FAUT SAVOIR QUE, QUAND ON EST UN VRAI SPORTIF, CE N'EST PAS PAR ÉCLIPSES, C'EST 24 HEURES SUR 24... HÉLAS !

LE SPORTIF ET L'AMOUR
OU, QUAND UN SPORTIF RENCONTRE UNE SPORTIVE, ALORS LÀ, ÇA CHANGE TOUT ...
GÉNÉRALEMENT, LES HOMMES SONT ATTIRÉS SPONTANÉMENT PAR VOUS SAVEZ QUOI ...
C'EST, ARGLL... VRAI...
SNOF
SNIF
SNIF
PAS LE SPORTIF...
IL FAUT QUE JE VOUS L'AVOUE, DEPUIS QUE JE VOUS VOIS PASSER, J'AI TOUT DE SUITE ÉTÉ ATTIRÉ PAR VOS ABDOMINAUX...
DEUX CENTS ABDOS TOUS LES MATINS, LES MAINS CROISÉES DERRIÈRE LA TÊTE ET SANS REPOSER LES PIEDS AU SOL ...
LES PREMIERS CONTACTS, COMME DE SE PRENDRE LES MAINS, SONT D'UNE DÉLICATESSE RARE ENTRE SPORTIFS...
ON FAIT UN BRAS DE FER, POUR VOIR ?
ALLEZ, ON Y VA !
PUIS, LES CHOSES SE PRÉCISENT...
J'AIME PASSER DE LONGUES HEURES EN SA COMPAGNIE. HIER, NOUS SOMMES RESTÉS PLUS DE TROIS HEURES ÉPAULE CONTRE ÉPAULE, TOUT EN COURANT LE MARATHON...
VIENT ENFIN LE TENDRE MOMENT DES DOUX AVEUX...
J'AVOUE, CAROLINE. J'EN RÊVAIS DEPUIS LONGTEMPS : TE PASSER LE QUATRIÈME DE HANCHE...
SPLAAAF!
PUIS, C'EST L'INSTANT DÉCISIF OÙ VA SE JOUER L'HISTOIRE DE TOUTE UNE VIE...
TROIS ORGASMES À TROIS ÉJACS... UN JEU PARTOUT... MATCH NUL...
ON FAIT LA BELLE ?
ET C'EST L'ACCOMPLISSEMENT D'UNE BELLE HISTOIRE AVEC LE PREMIER BÉBÉ...
ELLE L'A ÉJECTÉ À PLUS DE 4 MÈTRES 50 DU PREMIER COUP. JOLI BOULOT !
BRAVO, CHÉRIE !
J'ÉTAIS UN PEU TENDUE. J'ESSAIERAI DE FAIRE MIEUX LA PROCHAINE FOIS...
DANS UN COUPLE DE SPORTIFS, LA PERF (*) GOUVERNE TOUS LEURS ACTES, ET LAISSE PEU DE PLACE AU FARNIENTE ET À L'OISIVETÉ. RAMOLLIS ET LAMBINS S'ABSTENIR.
((*) PERF : PERFORMANCE)

LE SPORTIF DE HAUT NIVEAU
ON NE PEUT PAS FAIRE SILENCE SUR CE SPORTIF EXTRÊME. MAIS, AU FAIT, QU'EST-CE ?
LE SPORTIF MÉRITE L'APPELLATION "DE HAUT NIVEAU" QUAND, DANS UNE DISCIPLINE DONNÉE, IL SE CONFRONTE À UNE PERFORMANCE MAXIMUM...
C'EST MOI LE PREMIER QUI AI RÉUSSI À BOUFFER LES TROIS CENT CINQUANTE SAUCISSES SANS VOMIR...
OUI, MAIS ÇA N'A RIEN À VOIR ...
CHOM
CHOM
MIAM
MIAM
CHOM
MIOM
COMME PAR EXEMPLE REMPORTER "LE GRAND CHELEM" DE TENNIS (*)...
GÉNIAL ! UNE RAQUETTE TÉLESCOPIQUE !
CHHHT ! LA FERME !
SCHLAK !
(*) GRAND CHELEM : L'OPEN D'AUSTRALIE, ROLAND-GARROS, WIMBLEDON, ET L'US OPEN.
COURIR LE 100 MÈTRES EN MOINS DE 9 SECONDES 76 (RECORD DU MONDE)...
C'EST PERMIS, LES CHIENS D'ATTAQUE, AU 100 MÈTRES ?
'SAIS PAS. MAIS ÇA STIMULE VACHEMENT ...
... RÉALISER LE 400 MÈTRES NAGE LIBRE EN 4 MINUTES 01,53...
VOUS ÊTES SÛR ?
TUTUT ! CETTE NOUVELLE COMBINAISON N'EST PAS HOMOLOGUÉE PAR LA FÉDÉRATION, MADEMOISELLE ...
TCHOF !
TCHOF !
TCHOF !
... LANCER LE POIDS DE 7 KG 257 À PLUS DE 22 MÈTRES ...
JE SAIS TRÈS BIEN QUE, HISTORIQUEMENT, LES POIDS SONT D'ANCIENS BOULETS, MAIS AUJOURD'HUI ON NE PEUT PLUS SE SERVIR DU CANON, NON, NON ...
HUMF
... OU ESCALADER L'EVEREST À MAINS NUES...
ALLÔ ? ... COMMENT ÇA, MES SHERPAS SONT DES "ABOMINABLES HOMMES DES NEIGES" ? ... VOUS ÊTES SÛR ? MAIS VOUS ME L'APPRENEZ, MON CHER !
LES SPORTIFS DE HAUT NIVEAU SONT D'UNE TREMPE EXCEPTIONNELLE. CE SONT DES STARS QUI DÉCHAÎNENT LES FOULES ET GAGNENT DES SOMMES FOLLES... NON, PAS LES SHERPAS, NON.

COMMENT RECONNAÎT-ON UN SPORTIF DE HAUT NIVEAU ?
À SES PERFORMANCES, PENSEZ-VOUS ?...
... CERTES ! MAIS PAS SEULEMENT. IL EST PLUS SÛR DE SE FIER AUX MARQUES QU'IL PORTE SUR SES VÊTEMENTS ...
CE SOIR VENEZ TOUS AU CIRQUE PINDAR SES CLOWNS, SES LIONS SES BALLERINES...
... TOUS AU CIRQUE PINDAR !
NON, CE N'EST PAS UN SPORTIF DE HAUT NIVEAU, ÇA. C'EST UN HOMME-SANDWICH.
CAR LES SPORTIFS DE HAUT NIVEAU SONT D'EXCELLENTS PANNEAUX D'AFFICHAGE...
IL VA FALLOIR FAIRE UN MAX DE PUB SUR LES BASKETS KROKNO...
JE CONTACTE TOUT DE SUITE LAURE MALOBOU. IL Y A ENCORE DE LA PLACE SUR SON MAILLOT !
LES MEILLEURS EMPLACEMENTS PUBLICITAIRES SONT ...
LA CASQUETTE
PÂTES LUSTUCRU
LA POITRINE DU MAILLOT
LES JAMBONS FLEURON MICHU
L'ARRIÈRE DU CRÂNE
CAMEMBERT LANKETARD
LE DOS DU MAILLOT.
KIKOLAFOU LA COLLE DES COLLES
LES MOINS BONS, NETTEMENT MOINS RECHERCHÉS, SONT ...
LE BAS DU DOS
BONBONS BONBOUCHE LA BOUCHE PLEINE ET DU BON.
SOMNIFÈRES DODEAU LE SOMMEIL INSTANTANÉ RONZZ
L'EXTÉRIEUR DES GANTS
LE DESSOUS DES SEMELLES
LES ACCESSOIRES
BUVEZ PSCHOUF
BUVEZ BOURP
AVEC LES SEMELLES GAZAIRES ÇA GAZE
ALLÔ, FREDDY ? DIS-MOI, ZIZOULOU TON CHAMPION, LÀ ... IL A ENCORE QUELQUES EMPLACEMENTS DE LIBRES POUR LA SAISON ?
TU T'Y PRENDS TROP TARD MON VIEUX ! IL RESTE L'ÉPAULE GAUCHE VUE DE DERRIÈRE, LE COUDE DROIT ET UN GENOU. C'EST TOUT !
IL EST GROS, SON GENOU ?
AINSI RECONNAÎT-ON DE CETTE FAÇON LE NIVEAU D'UN SPORTIF EN FONCTION DE SES MARQUES ...
MOI, CETTE ANNÉE, J'AI SIGNÉ AVEC LES PIZZAS RAVIOLA... ET TOI ?
LES CONSERVES ROYAL TOUTOU ...
EXEMPLES DE SPORTIFS DE HAUT NIVEAU DE NIVEAU QUI BAISSE ...
MAIS, M'SIEUR MARLOU, SI J'AI UNE MARQUE EN TRAVERS DE MES LUNETTES, JE VAIS FINIR DANS UN FOSSÉ ...
C'EST BON, ÇA, L'IDÉE DU FOSSÉ, SURTOUT SI TU TE CASSES QUELQUE CHOSE ...
EXEMPLE DE SPORTIF DE HAUT NIVEAU DONT LE NIVEAU MONTE.
BIEN ENTENDU, LE SPORTIF DE HAUT NIVEAU EST UN SPORTIF À PART, ET QUI DÉBORDE DE NOTRE SUJET INITIAL, LE SPORTIF DE NIVEAU MINABLE, COMME VOUS ET MOI.

UN SPORTIF DE NIVEAU MINABLE EST-IL UN SPORTIF QUAND MÊME ?
TOUT DÉPEND DU NIVEAU DE MINABILITÉ...
COTATION DES NIVEAUX DE MINABILITÉ.
1/ ZÉRO
2/ ZÉRO POINTÉ
3/ TRIPLE ZÉRO CARPÉ
4/ ZÉRO ABSOLU HORS CADRE
5/ ZÉRO DE CHEZ ZÉRONIMO
EXAMINONS QUELQUES EXEMPLES DE NIVEAUX MINABLES...
ET IL FAIT QUOI AU JUSTE, TON MARI, EN CE MOMENT ?
QUELQUES ABDOMINAUX, AU LIT... APRÈS, IL SE RENDORT...
COTATION ZÉRO POINTÉ.
BON, BEN JE VAIS FAIRE ENCORE UNE FOIS LE TOUR DU QUARTIER EN VÉLO D'APPART' ...
PROFITES-EN POUR M'AIDER À ÉCOSSER LES PETITS POIS...
COTATION TRIPLE ZÉRO CARPÉ.
DÉGAGE, JOJO ! ENCORE UNE OU DEUX LONGUEURS DE BASSIN À LA BRASSE COULÉE, ET JE VAIS PASSER AU DOS CRAWLÉ ...
DÉPÊCHE-TOI, PAPA, J'AI BESOIN DE MON PETIT BANC...
COTATION ZÉRO DE BASE.
PASSONS MAINTENANT AUX PECTORAUX. VOUS POUVEZ ME CHARGER CETTE BARRE À DIX KILOS MAXI ?
NON, JE NE PEUX PAS.
POURQUOI ?
IL FAUDRAIT QUE J'EN COUPE UN BOUT.
COTATION ZÉRO DE CHEZ ZÉRONIMO.
CETTE ANNÉE, JE COMPTE CONCOURIR AUX JEUX PARALYMPIQUES...
MAIS... TU N'ES PAS AVEUGLE !
LA FERME, ON POURRAIT T'ENTENDRE !
COTATION ZÉRO ABSOLU HORS CADRE.
MAIS QU'EST-CE QU'IL FAIT ENCORE, TON MARI, MAINTENANT ?
IL SAUTE À LA CORDE SANS CORDE POUR ÉVITER DE SE PRENDRE LES PIEDS DEDANS.
RONZZ
POF POF POF POF
COTATION ZÉRO POINTÉ DOUBLE.
SOYONS JUSTES. TOUT LE MONDE NE PEUT PAS ÊTRE UN SPORTIF DE HAUT NIVEAU. FÉLICITONS-LES QUAND MÊME DE NE PAS SE DOPER.

LE DOPAGE CHEZ LES SPORTIFS ...
MYTHE OU RÉALITÉ ? INTERROGEONS-LES, MAIS AVEC TACT ET DIPLOMATIE...
ET SI JE VOUS DIS : "DOPAGE", QU'EST-CE QUE ÇA ÉVOQUE POUR VOUS ?
POTAGE ?... HEU... VERMICELLE ET BOUILLON KUB ?
LE DOPAGE ? MAIS ÇA EXISTE DEPUIS TOUJOURS, MON VIEUX... DÉJÀ, DU TEMPS DES ROMAINS... LES JEUX DU CIRQUE... LES GLADIATEURS...
...ET LES LIONS ! SURTOUT LES LIONS, D'AILLEURS. TOUS DOPÉS !
NON, J'AI ÉTÉ CONTRÔLÉ PLUSIEURS FOIS. MAIS MES URINES ÉTAIENT TOUJOURS NORMALES...
VERTES AVEC DES REFLETS ROUGES ...
ABSOLUMENT.
J'AI TOUJOURS REFUSÉ DE PRENDRE DES SUBSTANCES ILLICITES, MOI, MÔSSIEUR ! TOUJOURS ! D'AILLEURS, MON PALMARÈS EST ÉLOQUENT !
EXACT. AUCUNE VICTOIRE !
AUCUNE !
DOPAGE ? MAIS PAS DU TOUT ! EN RENTRANT APRÈS LA COURSE, J'AI EU UN BANAL ACCIDENT DE VOITURE, C'EST TOUT !
IL ROULAIT À 340 À L'HEURE ET, AU PREMIER VIRAGE, PLEIN D'OPTIMISME, IL A PRÉFÉRÉ CONTINUER TOUT DROIT... SNIF !
DOPAGE ? ME FAITES PAS RIRE ! FAUX PROBLÈME. TOUTE MA VIE J'AI PRIS CE QUE JE VOULAIS, ET JE NE M'EN PORTE PAS PLUS MAL...
ET ÇA VOUS FAIT QUEL ÂGE ?
32 ANS. POURQUOI ?
...PRIMABOLAN, ÉRYTHROPOIÉCHINE, CLÉMANTOXINE, CORTICODAFIL, OXYMÉTHOBINE, TESTOSTEGLINE, ZOLPIDERME, NÉTAMBITOL, STANATOZOLPHARM, TÉTRAHYDO-MIASTRÈNE, SABUTAMERDINE... ET BEN DITES DONC...
BEN QUOI, SNOUFFLE, JE SUIS ENRHUMÉ. Z'AVEZ JAMAIS ÉTÉ ENRHUMÉ, VOUS ?
VASTE SUJET QUE LE DOPAGE. DOIT-ON INTERDIRE AUX GENS DE SE SOIGNER SOUS PRÉTEXTE QU'ILS DOIVENT PRENDRE DES DROGUES ? JE VOUS LE DEMANDE.

LES PETITS PÉPINS DE SANTÉ DU SPORTIF ...
QU'IL NE FAUT PAS CONFONDRE AVEC LES GROS PÉPINS DE SANTÉ DE MONSIEUR TOUT LE MONDE...
LA CRAMPE, OU CONTRACTURE. TRÈS DOULOUREUSE. ELLE S'ATTAQUE LE PLUS SOUVENT AUX MOLLETS...
HOUOI, H'EST À LA HÂCHOIRE, À HORCE DE HRIER "HAS-Y HARCEL !"
VAS-Y MARCEL !!!
LE CLAQUAGE. OU RUPTURE DE TENDONS. IL EN EXISTE DEUX SORTES, LE "CLAQUAGE DIT D'EFFORT"...
DÉSOLÉ DE VOUS INTERROMPRE, LES GARS, MAIS JE ME SUIS CLAQUÉ LES LIGAMENTS CROISÉS... DU GENOU !
OH, PARDON !
... ET LE "CLAQUAGE DIT DE VESTIAIRES".
NON MAIS DITES DONC, ESPÈCE DE MALOTRU !
SCHLAF!
1/SCHLAK = BRUIT CARACTÉRISTIQUE, AU TENNIS, DU REVERS DIT CROISÉ.
L'ÉPUISEMENT CHRONIQUE...
... IL A L'AIR... IL FAIT PEUT-ÊTRE TROP DE BALLON ?
FROTT FROTT
IL N'A JAMAIS TAPÉ DEDANS. NON, CHEZ LUI, C'EST DE NAISSANCE...
L'ACCIDENT CARDIAQUE...
IL TAPE AU MOINS À 180 PULSATIONS/MINUTE...
C'EST À CAUSE DU BUT QUE VIENT DE TE MARQUER L'ÉQUIPE ADVERSE ?
NON. DE LA PETITE BLONDE QUI MONTRE SES JAMBES DANS LES TRIBUNES ...
LA DISPARITION BRUTALE ET INEXPLIQUÉE...
QUI ? MOI, AVOIR DES PETITS PÉPINS ? C'EST MA TROISIÈME TRAVERSÉE EN SOLITAIRE, ET J'AI JAMAIS EU DE PÉPINS, MOI !
HÉHÉ ...
LA PLUPART DES SPORTIFS, ONT DES FACULTÉS DE RÉCUPÉRATION EXTRAORDINAIRES. À PART QUELQUES NAVIGATEURS SOLITAIRES QUI ONT DISPARU CORPS ET BIENS. SANS PAYER LEURS DETTES, OK. QUEL RAPPORT ?

LES SPORTIFS PROFESSIONNELS ET L'ARGENT ...
CE SERAIT UNE ERREUR DE CROIRE QUE TOUS LES SPORTIFS PROFESSIONNELS GAGNENT BEAUCOUP D'ARGENT ...
IL EST VRAI QUE CERTAINS SPORTIFS PROFESSIONNELS GAGNENT DES SOMMES ÉNORMES. ET MÊME PLUS. COMMENT FONT-ILS ? VOYONS CELA ...
RÈGLE N° 1 / IL FAUT ÊTRE TRÈS MOTIVÉ.
ET ALORS, QU'EST-CE QUE T'ATTENDS ?
JE NE PEUX PAS SHOOTER, J'AI UN ONGLE INCARNÉ.
GOAL
POF
À DÉGAGER.
RÈGLE N° 2 / NE PAS AVOIR D'AVERSION POUR LE CORPS À CORPS.
MAIS À QUOI TU JOUES, PETIT ?
CE TYPE TRANSPIRE, MAIS TRANSPIIIIRE ! UNE INFECTION ...
ESSAYER UN DÉODORANT. À VOIR.
RÈGLE N° 3 / N'AVOIR QU'UNE IDÉE EN TÊTE : BATTRE SON ADVERSAIRE.
MAIS PAS COMME ÇA, CRÉTIN ! SUR LE RING !
AH ? ... JE ME DISAIS AUSSI ...
SORTIE DE SE
RHAAAAA
NUL. À FAIRE COFFRER FISSA.
RÈGLE N° 4 / NÉGOCIER SES CONTRATS DUREMENT GRÂCE À UN STAFF D'AVOCATS RETORS.
J'AI OBTENU DES PÂTES LUSTUKROK UNE SOMME CONSIDÉRABLE CONTRE L'AFFICHAGE DE LA MARQUE SUR LE DOSSARD ...
IL FAUT DEMANDER LE DOUBLE ET LES METTRE EN COMPÉTITION AVEC LES LAXATIFS TOUDINKOU ...
J'AI DÉJÀ SIGNÉ POUR LE DOSSARD AVEC LA MARGARINE PROKRASPEK ...
DISCUTER AUSSI LES ÉMOLUMENTS DES AVOCATS.
RÈGLE N° 5 / COMMENCER TRÈS JEUNE.
ADÈLE ! NE PERDONS PAS DE TEMPS POUR TROUVER UN CLUB DE FOOT QUI PREND DES MÔMES EN STAGE ... PATOUNE A L'AIR TRÈS DOUÉ ...
POF ! POF ! POF ! POF POF
NE RIEN SIGNER AVEC PAPA.
IL FAUT AUSSI AVOIR DE LA CHANCE, DU COURAGE, DE LA PERSÉVÉRANCE ET RESPECTER LA RÈGLE N° 6 (LA PLUS IMPORTANTE) AVOIR UNE FEMME ÉCONOME.

LES SPORTIFS PROFESSIONNELS ET LA GLOIRE ...
C'EST CE QUI EST LE PLUS DIFFICILE À GÉRER, LA GLOIRE...
GÉNÉRALEMENT, TÔT OU TARD, ÇA SE TRADUIT PAR UNE FOULE HURLANTE, COMME ÇA...
Hiiiiiii!
Hiiii
Giiiiiiii!
Hiiiiiii!
HiiiiHiiiii!
...OUTRE QUELQUES CAS PARTICULIERS. ICI AVEC LE MEILLEUR BUTEUR DE L'ÉQUIPE DE FRANCE...
RENDEZ-MOI LE BALLON, HÉ, BANDE DE NAZES! ...
?
LA PASSE! ...
Hiiiii
LÀ, AVEC LE MEILLEUR GRIMPEUR DU TOURMALET...
HARDI!
T'ES LE MEILLEUR ...
CETTE BANDE DE TARÉS EST EN TRAIN DE ME POUSSER DE FORCE DANS LA MAUVAISE DIRECTION...
Hiiiii
Hiiiiii
OU ENCORE AVEC LE VAINQUEUR DU TOURNOI DE ROLAND-GARROS...
ATTENTION, LE VOILÀ...
Hiiiiiii! Hiiiiiii!
HiiiiB!
CHUT!
...LE CHAMPION DU MONDE DU 400 MÈTRES HAIES...
Hiiiiiii!
HÉÉÉÉ!
Hoooo
...OU UN CÉLÈBRE NAVIGATEUR SOLITAIRE...
OUI, BON, ÇA VA... ARRÊTEZ DE ME CHAMBRER ...
Hiiiiii...
Hiiiiii...
Hiiiiii
Hiiiiiii
WEETO
COMME VOUS LE VOYEZ, TOUTE VICTOIRE A SON REVERS. ET PAS SEULEMENT AU TENNIS.

LES TROPHÉES DU SPORTIF
QU'ILS SOIENT DE HAUT NIVEAU OU PAS, TÔT OU TARD LES SPORTIFS FINISSENT PAR ACCUMULER DES TROPHÉES...
MÊME LES MAUVAIS, SI, SI...
NON! NE ME DIS PAS QUE... TU AS ENCORE GAGNÉ?!?
JE SUIS DÉSOLÉ, BIBICHE...
CURIEUSEMENT, LES TROPHÉES SONT TOUJOURS D'UN GOÛT QUI... D'UN GOÛT QUE...
MAIS, QU'EST-CE QUE C'EST QUE CE MACHIN?...
IL ME SEMBLE QUE C'EST UNE DANSEUSE HAWAÏENNE...
MAIS NON, C'EST UN CHEVAL AU GALOP.
AU DÉBUT, TOUT SE PASSE À PEU PRÈS BIEN...
JE NE VEUX PAS DE DANSEUSE NI DE CHEVAL DANS MON SALON. TU LE RANGES AVEC LES AUTRES DANS LE PLACARD À BALAIS...
OUI, BIBICHE.
LES MOIS PASSANT, IL N'Y A BIENTÔT PLUS DE PLACE POUR LES BALAIS...
ET SI ON METTAIT TES COCHONNERIES AU GRENIER?
JE TE RAPPELLE QUE TU AS LOUÉ LE GRENIER À UN TRAVAILLEUR IMMIGRÉ...
VIENT UN JOUR OÙ LES TROPHÉES ONT FINI PAR S'IMPOSER DANS UNE VITRINE ADÉQUATE...
C'EST BIZARRE, VOTRE MARI A MIS SON NOM SUR TOUS SES BIBELOTS...
PFFF! POURTANT, PERSONNE N'AURAIT L'IDÉE DE LES LUI VOLER!
HÉLAS!
MAIS IL N'EST PAS DE VRAI SPORTIF QUI NE FINISSE PAR VENIR À BOUT DE N'IMPORTE QUELLE VITRINE, ET UN JOUR UNE DÉCISION S'IMPOSE...
GASTON, JE TE PRÉVIENS, C'EST LA POUBELLE OU LE VIDE-GRENIER DE DIMANCHE...
OOOOH, NON! PAS LA POUBELLE!
SI BIEN QUE, UN SOMBRE DIMANCHE MATIN...
C'EST LORS DE L'AC BERGOUGNOUX CONTRE LA FERTÉ AVEYRONNAISE QUE J'AI MARQUÉ L'ESSAI DÉCISIF...
DOMMAGE. MOI, CE QUE JE CHERCHE, C'EST UN GRILLE-PAIN...
SACHEZ-LE. QUI QUE VOUS SOYEZ, VOTRE FEMME ESTIMERA ÊTRE LE SEUL TROPHÉE DONT VOUS AYEZ LE DROIT D'ÊTRE FIER.

LES ACCIDENTS DU SPORTIF
LES PLUS GRAVES NE SONT PAS CE QU'ON PENSE...
LANCEUR DE JAVELOT...
C'EST PAS GRAVE, C'EST UN ORGANISATEUR ...
J'AI EU PEUR QUE CE SOIT UN SPECTATEUR ...
OUF ! J'AIME MIEUX ÇA ...
MOI AUSSI.
COUREUR DE RALLYES...
C'EST À BOIRE-HEUU QU'IL NOUS FAUOOOO...
APRÈS QUOI, BÉ, IL A FAIT PLUSIEURS TONNEAUX ...
VOUS ÊTES SÛR ?
JE PARLE DES TONNEAUX DE MA CAVE À VIN !
COMPÉTITRICES DE NAGE SYNCHRONISÉE...
MAIS VOUS ÊTES CINQ ! OÙ EST LA SIXIÈME ?
AU FOND. ELLE BOUDE DEPUIS UN QUART D'HEURE ET NE VEUT PLUS REMONTER...
HALTÉROPHILE...
CHIQUÉ !
Y'A UN TRUC !
TRICHEUR !
SCRITCH !
SCRATCH !
COUREUR CYCLISTE...
NE ME CACHE RIEN, ALPHONSE. IL EST DANS QUEL ÉTAT ?
LA MAIN GAUCHE A L'AIR EN BON ÉTAT...
VITASCORBULL LA BOISSON DES CHAMPIONS
BOXEUR LORS DU CHAMPIONNAT DU MONDE...
ÇA SE PRÉSENTE MAL. C'EST UN ROMANTIQUE. BENNY, SA PETITE AMIE VIENT DE LE QUITTER ET IL A LE MORAL À ZÉRO ...
J'ESPÈRE QUE TU AS PENSÉ À EMPORTER DU MATÉRIEL DE RECHANGE ?
ÉVIDEMMENT ! LAQUELLE J'APPELLE ?
GÉNÉRALEMENT, LES CHAMPIONS SONT SENSIBLES ET D'UNE FRAGILITÉ EXTRÊME. D'AILLEURS, C'EST POUR ÇA QU'ON EN CHANGE TOUT LE TEMPS.

LA RECONVERSION DU SPORTIF
(DE HAUT NIVEAU)
CAR SA FIN DE CARRIÈRE ARRIVE QUAND IL EST ENCORE EN CULOTTE COURTE…
… CAR UN JOUR VIENT EN EFFET OÙ LE SPORTIF DE HAUT NIVEAU, JEUNE ET BEAU LA VEILLE…
J'ÉTAIS COMME ÇA, HIER…
… S'APERÇOIT LE LENDEMAIN (OU PRESQUE) QU'IL EST TEMPS DE PENSER À SA RECONVERSION…
DÉJÀ ? … ÇA VA ÊTRE DUR ! JE NE SAIS RIEN FAIRE, MOI, À PART DU SPORT…
PASSONS EN REVUE, POUR AIDER CE CHAMPION D'HIER, LES DIFFÉRENTES CARRIÈRES QUI S'OFFRENT À LUI …
ENTRAÎNEUR. LES SEULS MUSCLES QUI COMPTENT SONT CEUX DU LARYNX …
PLUS VITE QUE ÇA, BANDE DE RAMOLLIS !
POF
JOURNALISTE SPORTIF. ASSIS. LES SEULS MUSCLES SOLLICITÉS SONT CEUX DU FESSIER…
QU'EST-CE QUE VOUS EN PENSEZ, VOUS QUI ÊTES UN PRO ?
ÇA N'EST QU'UNE BANDE DE RAMOLLIS, ET ILS ONT DE LA CHANCE QUE JE NE SOIS PAS LEUR ENTRAÎNEUR…
MANNEQUIN POUR UNE PUB À LA TÉLÉ…
PROMÉGA 432ÈME.
ACTION !
KLAP ! KLAP !
… ET GRÂCE À PROMÉGA ET AUX OMÉGA 3, 6, 9, 12, 24 ET 36 QU'IL CONTIENT, JE PROTÈGE MON SYSTÈME CARDIO-VASCULAIRE…
… POUR FINIR, PLUS TARD, PAR FAIRE LE DÉMONSTRATEUR DANS DES SUPERMARCHÉS…
SBLOUTCH
SAVEUR FRUITÉE
COKO
PARFAITEMENT, ESPÈCE DE RAMOLLI ! SI JE SUIS DEVENU CHAMPION DU MONDE, C'EST PARCE QUE JE BUVAIS SBLOUTCH SAVEUR FRUITÉE !
… VOIRE PATRON DE BISTROT DANS UN PATELIN PERDU…
SALUT, PATRON ! UN SBLOUTCH SAVEUR FRUITÉE…
TU NE VAS PAS BOIRE DE CETTE SALOPERIE ! C'EST MA TOURNÉE ! UN PASTAGA ! ET OUBLIE TON SYSTÈME CARDIO-VASCULAIRE, NOM DE DIEU…
AR
EH OUI, JE SAIS, C'EST DUR D'ÊTRE UN ANCIEN SPORTIF DE HAUT NIVEAU. DE NIVEAU MINABLE, C'EST PAREIL, D'AILLEURS …

LES SPORTIFS DE L'EXTRÊME
CATÉGORIE OÙ ILS SONT... LE SEUL, PUISQU'IL RÉALISE UNE PERFORMANCE QU'IL ONT INVENTÉE LUI-MÊME 1/ ...
1/ JE ME DEMANDE S'IL N'Y A PAS QUELQUE CHOSE QUI CLOCHE À PROPOS DES ACCORDS DE CETTE PHRASE...
COMME, PAR EXEMPLE, ESCALADER LA TOUR MONTPARNASSE PAR LA FACE NORD.
ET LES PITONS ? IL LES PLANTE OÙ, LES PITONS ?
C'EST INTERDIT ! DESCENDEZ DE LÀ OU JE VAIS VOUS CHERCHER !
ET TA SOEUR !
... LA TRAVERSÉE DU PÔLE NORD, À PIED, EN TIRANT SON TRAÎNEAU ET SES PROVISIONS DERRIÈRE SOI, SEUL ... ENFIN, PRESQUE SEUL...
TROIS JOURS QU'IL ME SUIT. JE ME DEMANDE CE QUI L'INTERESSE... MES PROVISIONS OU MOI ?
SNIF SNIF
FAIRE UN QUADRUPLE SAUT PÉRILLEUX DANS L'ESPACE TOUT EN FAISANT TOURNER SON VTT TROIS FOIS SUR LUI-MÊME, ET ATTERRIR SANS SE CASSER LA GUEULE...
JE CROIS QUE LES MOULES MARINIÈRES QUE J'AI MANGÉES À MIDI N'ÉTAIENT PAS, BURP... FRAÎCHES...
TRAVERSER LA 5ÈME AVENUE DE NEW YORK D'UNE TOUR À UNE AUTRE SUR UN FILIN D'ACIER...
JE VOUS PRÉVIENS QUE JE NE SUIS PAS RESPONSABLE DES DÉGÂTS PROVOQUÉS PAR DES IMBÉCILES QUI CONDUISENT EN REGARDANT EN L'AIR...
LA LISTE EST LONGUE DE CES HOMMES EXTRAORDINAIRES QUI REPOUSSENT LES LIMITES DES POSSIBILITÉS HUMAINES ET N'HÉSITENT PAS À AFFRONTER LE VENT, LE FROID, LES VTT, LES OURS BLANCS ET LA MARÉCHAUSSÉE ...

LE COACH DU SPORTIF
(DE HAUT NIVEAU)
LA PLUPART DES CHAMPIONS SPORTIFS EN ONT UN. BON, MAIS QU'EST-CE ?
C'EST UN TYPE TRÈS MALIN QUI PEUT VOUS FAIRE PROGRESSER CAR IL CONNAÎT MIEUX QUE VOUS-MÊME QUI VOUS ÊTES VRAIMENT...
AFFUH ARFLE... J'EN PEUX PLUS... J'SUIS MORT...
C'EST FAUX. JE SAIS QU'AU FOND DE TOI TU MEURS D'ENVIE DE FAIRE DIX TOURS DE PLUS !
ARF ARF... SANS BLAGUE ?
C'EST ÇA, UN COACH.
TU SAIS POURQUOI ? PARCE QUE JE TE CONNAIS, MIMILE, ET JE SAIS QUE TU ES UN GAGNEUR !
C'EST PAS VRAI ?
BIEN QUE VOUS SOYEZ SON PÈRE, JE TIENS À VOUS DIRE QUE VOUS EXERCEZ SUR MIMILE UNE INFLUENCE NÉGATIVE...
EN LE TRAITANT DE BON À RIEN, MOI, JE CROYAIS LUI RENDRE SERVICE.
C'EST ÉGALEMENT UN TYPE QUI SE MÊLE DE TOUT, UN COACH.
VOUS ÊTES SA MÈRE... MAIS VOTRE ATTITUDE QUI CONSISTE À TOUT FAIRE À SA PLACE RISQUE D'AVOIR UNE INFLUENCE NÉGATIVE...
C'EST QU'IL EST TELLEMENT EMPOTÉ, C'EST POUR ÉVITER QU'IL SE BLESSE.
PLANG! PLANG! PLANG!
BON, VOUS ÊTES SA FEMME ET IL EST EMPOTÉ, D'ACCORD. MAIS SI VOUS POUVIEZ ARRÊTER PENDANT QUELQUES JOURS DE PRENDRE L'INITIATIVE AU LIT, JE SUIS SÛR QUE...
CE JOUR EST UN GRAND JOUR, MIMILE ! CELUI DE TON PREMIER COMBAT...
DOMMAGE QUE M'MAN ELLE SOYE PAS LÀ ! J'SUIS SÛR QU'ELLE VOUDRAIT LE FAIRE À MA PLACE...
BIEN ENTENDU, AVOIR UN COACH NE CONDUIT PAS FORCÉMENT À FAIRE DE VOUS UN CHAMPION SPORTIF. MAIS C'EST AGRÉABLE QU'IL Y EN AIT AU MOINS UN QUI Y CROIT. IL EST PAYÉ POUR ÇA.

LE SPORT ET LES FEMMES
OUVRONS ICI UN CHAPITRE NÉCESSAIRE ET DÉLICAT...
LA CONDITION DES FEMMES ACTUELLES, QUI SONT LES ÉGALES DE L'HOMME, LES PRÉDISPOSE NATURELLEMENT À L'EFFORT, AU DÉPASSEMENT DE SOI, ET AU SPORT...
DÈS LE MATIN AU PETIT DÉJEUNER...
DEBOUT LES ENFANTS, ON EST DÉJÀ EN RETARD...
WIF WIF
GIZMO
DIX MINUTES PLUS TARD...
PLUS VITE, LES ENFANTS... L'ÉCOLE N'ATTEND PAS !
HÉ, J'VAIS ME CASSER LA G...
DEUX ENCOMBREMENTS PLUS TARD...
ÇA FAIT TROIS FOIS QU'ILS APPELLENT CHEZ TOI !
ILS SONT TOUS DANS LA SALLE DE RÉUNION...
QU'EST-CE QUE TU GLANDES, MA GRANDE ?
PETITE, IL MANQUE LE RAPPORT DE L'INSPECTION CONDITIONNELLE LIBÉRATOIRE...
MOI, JE N'AI PAS LE BILAN DE SANTÉ SECRET DE L'ARCHITECTE DINGUE...
ET MOI LA COMPTA OFFICIALISÉE DES DESSOUS DE TABLE VERS L'INTERMÉDIAIRE SECRET AGRÉÉ...
SANS OUBLIER LE QUITUS DE QUI VOUS SAVEZ "EN HAUT"...
JE M'EN OCCUPE TOUT DE SUITE, MONSIEUR...
CE MÊME JOUR, TARD LE SOIR...
QUOI ? LA BABY-SITTER EST MALADE ? ELLE EST PAS VENUE ?!? ET LES ENFANTS POIREAUTENT SUR LE TROTTOIR DEPUIS UNE HEURE ?...
MAGNE-TOI, DIDINE, DE DONNER LE BAIN AUX TROIS MORVEUX ! ...MOI AUSSI J'AI UNE LIBIDO, SANS BLAGUE !!!
MAMAN, Y'A TITOUNE QUI M'ENFONCE LA TÊTE SOUS L'EAUGLOGLO...
J'ARRIVE !
FLOK ! FLICK ! FLAK !
LE SPORT, C'EST GÉNÉTIQUE, ET LES FEMMES (COMME LES HOMMES) AIMENT L'EFFORT ET LA COMPÈTE.

LE SPORT ET LE MARiAGE
(AVEC UNE SPORTIVE)
LA PRUDENCE COMMANDE DE SAVOIR AVANT DE CONVOLER QUEL SPORT ELLE PRATIQUE...
... CAR ÇA PEUT ÊTRE...
C'EST POUR... ARGH... TOI...
OH, COMME C'EST GENTIL...
... LE JUDO...
... OU PIRE...
SANS INDISCRÉTION, ARTHUR, QUI EST CE MONSIEUR?
MA PROMISE.
... LE CULTURISME...
HÉ, LES MECS! MOI AUSSI J'EN AI HARPONNÉ UN!
... LA PLONGÉE SOUS-MARINE...
QU'EST-CE QUI LUI PREND?
SAIS PAS. JE LUI AI CUEILLI CES QUELQUES FLEURS ET JE LUI AI DIT "ET SI ON NE SE QUITTAIT PLUS JAMAIS?"...
... LE SAUT EN HAUTEUR...
COMMENT C'EST ARRIVÉ?
JE LUI AI ANNONCÉ QUE MA FEMME ACCEPTAIT LE DIVORCE ET ELLE A SAUTÉ DE JOIE...
... LE TRAMPOLINE...
BREF! CES EXEMPLES PROUVENT, QUE CE SOIT DANS UN SENS OU DANS UN AUTRE, QUE LE SPORT PRATIQUÉ PÈSE LOURD SUR LE DESTIN DES COUPLES, FUTURS OU PAS. (NOUS AVONS VOLONTAIREMENT LAISSÉ DE CÔTÉ LE TIR À LA CARABINE.)

LES MARIAGES MIXTES
(ENTRE SPORTIFS.)
LE SPORT VOUS A RAPPROCHÉS AU DÉBUT, MAIS... VOUS NE PRATIQUEZ PAS LE MÊME SPORT... ATTENTION, DANGER !
IL PRATIQUE LE TENNIS DE TABLE, ET ELLE LE MAIN À MAIN...
PENDANT NOTRE VOYAGE DE NOCES, TU M'AVAIS PROMIS QU'ON S'ENTRAÎNERAIT ENSEMBLE !
OUI, MAIS PAS PENDANT LE CHAMPIONNAT, HENRIETTE...
... D'OÙ DES INCOMPRÉHENSIONS LINGUISTIQUES...
ELLE PRATIQUE LA DANSE CLASSIQUE, ET LUI LE RUGBY...
MAIS ÇA N'EST PAS UN "PAS DE DEUX", ÇA, CHÉRI...
NON, C'EST UN PLAQUAGE !
MAIS ON VIENT À PEINE DE SE MARIER-HÉÉÉÉÉ ...
... QUIPROQUOS IRRÉVERSIBLES...
IL PRATIQUE LA BOXE ANGLAISE ET ELLE LE KARATÉ...
RETIRE CE QUE TU VIENS DE DIRE !
ET TA SOEUR !
... SCÈNES DE MÉNAGE DRAMATIQUES...
... ELLE PRATIQUE LE PARACHUTISME ET LUI LE DELTAPLANE...
TIENS, TU PASSAIS DANS LE COIN ?
FRAAAAAK !
FAUT TOUJOURS QU'ELLE SOIT DANS MES PATTES, CELLE-LÀ !!
... ET RENCONTRES INTEMPESTIVES.
VOUS VOUS IMAGINEZ SANS DOUTE QUE, S'ILS PRATIQUAIENT LE MÊME SPORT TOUS LES DEUX, ÇA S'IMPLIFIERAIT LE PROBLÈME ?
...
ERREUR...

LES MARIAGES MIXTES
(ENTRE SPORTIFS)
VOUS PRATIQUEZ LE MÊME SPORT... VOUS CROYEZ ÊTRE FAITS L'UN POUR L'AUTRE ?... PAS DU TOUT ! C'EST LA GALÈRE !
L'ALPINISME...
ON VA ATTAQUER CE PIC PAR LA FACE NORD...
NON. PLUTÔT PAR LA FACE SUD !
J'Y TIENS !
T'AS TORT.
LE RALLYE AUTOMOBILE...
TU AS DÛ TOURNER TROP TÔT. À CENT MÈTRES DEVANT, IL DEVRAIT Y AVOIR UN VIRAGE À DROITE...
ÉVIDEMMENT, CETTE GOURDE N'EST MÊME PAS CAPABLE DE LIRE UNE CARTE !
TOTOL
?
LE MAIN À MAIN ACROBATIQUE...
HAHHTE HE HRAHER HIHUHIOHIFSTE HOU HOUFR HA HOUCH (1) ...
C'QUE TU PEUX ÊTRE JALOUX TOUT DE MÊME !
(1) ARRÊTE DE DRAGUER L'ILLUSIONNISTE OU J'OUVRE LA BOUCHE.
LE SURFTANDEM...
TOI, MA VIEILLE, À VUE DE NEZ T'AS ENCORE PRIS CINQ KILOS...
ET TOI, SI TU BUVAIS PAS TANT, T'AURAIS ENCORE UN PEU DE JUS DANS LES POGNES...
LE CANOË BIPLACE...
POURQUOI ÇA SERAIT TOUJOURS MOI DERRIÈRE ET TOI DEVANT, D'ABORD ?
PARCE QUE C'EST MOI QUI CONDUIS, VU QUE TU MÉLANGES TOUJOURS TA GAUCHE ET TA DROITE, HÉ, PATATE !
ON CONSEILLE FORTEMENT AUX COUPLES DE SPORTIFS DE CONTINUER À FAIRE DU SPORT, CERTES ! MAIS SI POSSIBLE À TOUR DE RÔLE ...

LES MARIAGES MIXTES
(ENTRE SPORTIFS)
SUPER ENTRAÎNÉS TOUS LES DEUX, ILS SONT FAITS POUR AVOIR DE BEAUX ENFANTS ...
QUAND EST-CE QU'ON COMMENCE L'ENTRAÎNEMENT ?
C'EST DÉJÀ FAIT. JE L'AI OBLIGÉ À GRIMPER SUR MON LIT PAR SES PROPRES MOYENS POUR AVOIR SA TÉTÉE ...
JE TROUVE QU'IL DORT BEAUCOUP, EN CE MOMENT ?
J'AI RAJOUTÉ DE LA TESTOSTÉRONE DANS SON BIB POUR LE BOOSTER UN PEU...
RONZZZ RONZZZ
REMARQUE, SI ON PASSE PROGRESSIVEMENT AUX STÉROÏDES, NO PROBLÈME...
À SON ÂGE, IL N'Y A PAS DE CONTRÔLES...
CE DIMANCHE-LÀ, À LA FÊTE DU VILLAGE...
DÉMARRE EN EN GARDANT SOUS LA SEMELLE, ACCÉLÈRE AU HUITIÈME MÈTRE, ET MET TOUTE LA GOMME DANS LE FINAL DE LA LIGNE DROITE, TU PEUX TOUS LES BAISER SUR LE POTEAU !
TRIPLE SALTO ARRIÈRE CARPÉ, À HUIT MOIS ?! DITES DONC, IL EST DOUÉ !
ET ENCORE, VOUS VERREZ QUAND IL SAURA MARCHER ...
ET VOUS N'AVEZ PAS PEUR QUE CE SOIT UN PEU TÔT, LE CHEVAL D'ARÇON, POUR SON ÂGE ?
CHHHT ! TAISEZ-VOUS ! IL S'IMAGINE QU'IL DANSE LE HIP-HOP...
DANS LE PROCHAIN CHAPITRE CONSACRÉ À L'ENTRAÎNEMENT DES BÉBÉS, NOUS ABORDERONS LE SUJET CONTROVERSÉ DE LA TOTOTE DANS LES SPORTS DE COMBAT.

LES SURDOUÉS DU SPORT
GÉNÉRALEMENT ENGENDRÉS PAR DES SPORTIFS ET TRÈS PRÉCOCES, IL FAUT LES PROTÉGER ...
C'EST CURIEUX. POUR S'ENDORMIR, IL EST PASSÉ DIRECTEMENT DU SEIN DE SA MÈRE AU BALLON DE RUGBY ...
F.C. BORDIN
TU CROIS QUE C'EST UN SIGNE ?
JE VOUS APPORTE MON FILS EN STAGE POUR QU'IL DEVIENNE CHAMPION. ÇA VA PRENDRE COMBIEN DE TEMPS POUR ...
TENNIS -CLUB-
DANS UN AN OU DEUX, IL SERA DÉJÀ CAPABLE DE SOULEVER SA RAQUETTE ...
RASSUREZ-VOUS, JE REMPLACE EN DOUCEUR LA TOTOTE PAR LE PROTÈGE-DENTS. COMME ÇA, IL SERA HABITUÉ QUAND IL EN AURA ...
AURA QUOI ?
DES DENTS.
VOUS DITES QUE VOUS ET VOTRE FEMME, ANCIENS CHAMPIONS DE NATATION, AVEZ UN PETIT DERNIER QUI EST ...
TRÈS DOUÉ.
TRÈS-TRÈS.
DOUCHES
EN QUOI ?
TOTOR, TU T'ES LAVÉ LES MAINS AVANT DE PASSER À TABLE ?
MIAAA HOOOWW.
LE CHAT PRÉTEND QUE OUI ...
GERMAINE, JE CROIS QU'ON VA POUVOIR LUI ENLEVER SES STABILISATEURS ET PASSER AU VTT DE COMPÈTE ...
MAIS LES SURDOUÉS DU SPORT SONT DES CAS EXTRÊMES, À PART, ET IL CONVIENT DE NE PAS LEUR FAIRE SAUTER LES ÉTAPES (SURTOUT POUR LES FUTURS VAINQUEURS DU TOUR DE FRANCE) ...

LES SPORTIFS ET LES ANIMAUX
DANS CERTAINES DISCIPLINES, ILS JOUENT UN RÔLE SECONDAIRE, CERTES ! MAIS NON NÉGLIGEABLE ...
LES SPORTS ÉQUESTRES 1/. LE CHEVAL DE COURSE D'OBSTACLES, TRÈS JOUEUR, NOUE DES LIENS AFFECTUEUX AVEC SON JOCKEY ...
SPLOUF !
LES SPORTS ÉQUESTRES 2/ : LE CHEVAL DE TROT, FRUIT DE CROISEMENTS SAVANTS ET MULTIPLES, EST SOUVENT TRÈS ATTACHÉ À SON DRIVER ...
NON, SÉRAPHINE 14 ! JE TE L'AI DÉJÀ DIT ! UN ZÈBRE, PAS-QUE-STION ! NON !
LES SPORTS ÉQUESTRES 3/ : LE CHEVAL DE POLO (ARGENTIN) POSSÈDE DES RÉFLEXES IRREMPLAÇABLES.
SBONG !
LE RODÉO : JEU INNOCENT QUI CONSISTE À RESTER LE PLUS LONGTEMPS POSSIBLE SUR LE DOS DU TAUREAU, ET AUQUEL L'ANIMAL SE PRÊTE AVEC PLAISIR ...
SPLAAATCH !
LE CHIEN DE TRAINEAU : TOTALEMENT DÉVOUÉ À SON MAÎTRE, FIDÈLE ET OBÉISSANT, SANS LUI, LES PÔLES SONT INACCESSIBLES ...
SULTAN ! ESPÈCE DE LEADER (1) À LA NOIX ! REVIENS ICI OU JE ME FÂCHE ... SULTAN ... SULTAN ? ...
TU M'AIMES PLUS ?
1/ LEADER : CHIEN DE TÊTE.
ET NOUS NE PARLERONS PAS DES LÉVRIERS QUI, SUR LES CYNODROMES, FONT SEMBLANT DE COURIR APRÈS UN FAUX LAPIN POUR AMUSER LE CLAMPIN. C'EST VOUS DIRE COMBIEN ON LEUR DOIT ...

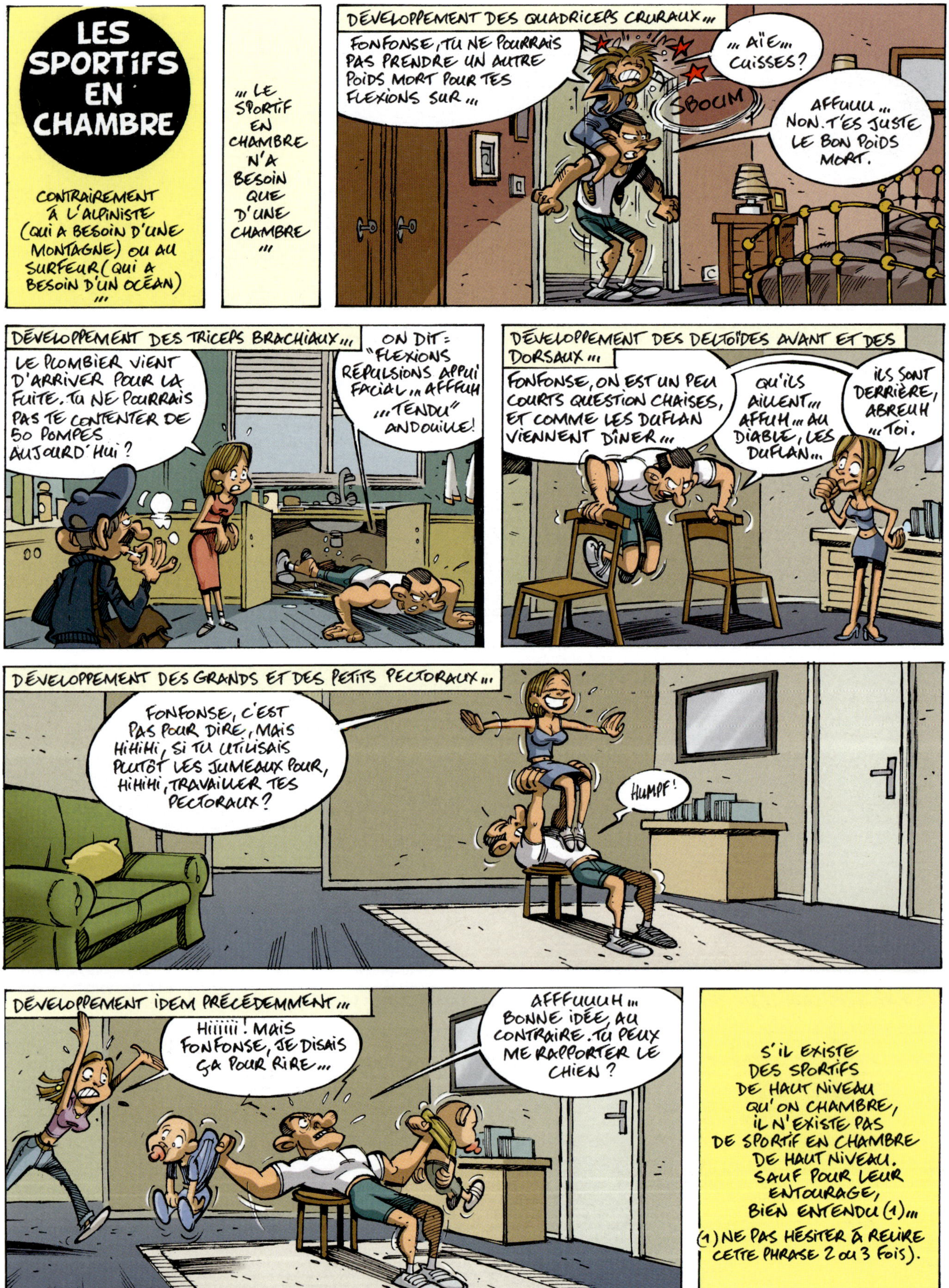
LES SPORTIFS EN CHAMBRE
CONTRAIREMENT À L'ALPINISTE (QUI A BESOIN D'UNE MONTAGNE) OU AU SURFEUR (QUI A BESOIN D'UN OCÉAN)...
... LE SPORTIF EN CHAMBRE N'A BESOIN QUE D'UNE CHAMBRE...
DÉVELOPPEMENT DES QUADRICEPS CRURAUX...
FONFONSE, TU NE POURRAIS PAS PRENDRE UN AUTRE POIDS MORT POUR TES FLEXIONS SUR...
... AÏE... CUISSES?
SBOUM
AFFUUU... NON. T'ES JUSTE LE BON POIDS MORT.
DÉVELOPPEMENT DES TRICEPS BRACHIAUX...
LE PLOMBIER VIENT D'ARRIVER POUR LA FUITE. TU NE POURRAIS PAS TE CONTENTER DE 50 POMPES AUJOURD'HUI?
ON DIT: "FLEXIONS RÉPULSIONS APPUI FACIAL... AFFUH ... TENDU" ANDOUILLE!
DÉVELOPPEMENT DES DELTOÏDES AVANT ET DES DORSAUX...
FONFONSE, ON EST UN PEU COURTS QUESTION CHAISES, ET COMME LES DUFLAN VIENNENT DÎNER...
QU'ILS AILLENT... AFFUH... AU DIABLE, LES DUFLAN...
ILS SONT DERRIÈRE, ABREUH ... TOI.
DÉVELOPPEMENT DES GRANDS ET DES PETITS PECTORAUX...
FONFONSE, C'EST PAS POUR DIRE, MAIS HIHIHI, SI TU UTILISAIS PLUTÔT LES JUMEAUX POUR, HIHIHI, TRAVAILLER TES PECTORAUX?
HUMPF!
DÉVELOPPEMENT IDEM PRÉCÉDEMMENT...
HIIIIII! MAIS FONFONSE, JE DISAIS ÇA POUR RIRE...
AFFFUUUH... BONNE IDÉE, AU CONTRAIRE. TU PEUX ME RAPPORTER LE CHIEN?
S'IL EXISTE DES SPORTIFS DE HAUT NIVEAU QU'ON CHAMBRE, IL N'EXISTE PAS DE SPORTIF EN CHAMBRE DE HAUT NIVEAU. SAUF POUR LEUR ENTOURAGE, BIEN ENTENDU (1)...
(1) NE PAS HÉSITER À RELIRE CETTE PHRASE 2 OU 3 FOIS).

LES SPORTIFS ET LES SPORTS D'ÉQUIPE
ALORS LÀ, IL FAUT BIEN RÉFLÉCHIR AVANT, PARCE QUE ÇA CHANGE TOUT ...
NOMBREUX SONT LES SPORTS QUI SE PRATIQUENT EN ÉQUIPE (FOOT, RUGBY, VOLLEY, BASKET, ETC...), MAIS PEU IMPORTE, VU QUE TOUTES LES SITUATIONS SE RESSEMBLENT ...
IL N'EXISTE QUE DEUX CAS DE FIGURE. 1/ VOUS FAITES PARTIE D'UNE ÉQUIPE QUI GAGNE...
ON FAIT UNE CHOUETTE ÉQUIPE ...
ON LEUR A MIS UNE SACRÉE BRANLÉE ...
ON LES A APLATIS COMME DES CRÊPES ...
ON LES A RIDICULISÉS ...
UNE VICTOIRE AUSSI ÉCLATANTE, C'EST VOUS QUI ...?
MERCI, JE NE SUIS PAS MÉCONTENT DE MOI, EN EFFET ...
VOUS.
TV BIGOUDEN
... OU 2/ VOUS FAITES PARTIE D'UNE ÉQUIPE QUI PERD ...
VOUS N'ÊTES QU'UNE BANDE DE ...
C'EST LUI, IL ÉTAIT JAMAIS LÀ ...
TU NE FAISAIS QUE DES PASSES À LA CON...
JAMAIS VU UN BUTEUR AUSSI BUTÉ...
TU T'ES VU MARQUER UN BUT CONTRE TON CAMP ?!
UNE DÉBANDADE AUSSI TOTALE, C'EST VOUS QUI ...?
ENCORE VOUS.
PAS DU TOUT ! C'EST L'ÉQUIPE... AÏE !
VESTIAIRES
SI BIEN QUE, PAR MOMENTS, LA CONFUSION S'INSTALLE ...
CINQ SUPERBES BÉBÉS D'UN COUP, C'EST VOUS QUI ...
TOUJOURS VOUS.
MAIS NON, MAIS NON ...
... C'EST L'ÉQUIPE !!!
CE GENRE DE SITUATION NE POURRAIT PAS ARRIVER AVEC UN SAUTEUR À LA PERCHE.

LES SUPPORTERS DE L'ÉQUIPE SPORTIVE
ILS JOUENT UN RÔLE DÉTERMINANT MAIS IL FAUT LES SUPPORTER ...
... CAR ILS SONT GÉNÉRALEMENT INTRANSIGEANTS ...
... ÊTES-VOUS PRÊT À PRENDRE POUR ÉP ...
... ALORS LÀ, NON !
MAIS POURQUOI ?
ELLE VIENT DE M'AVOUER QU'ELLE N'AIME PAS LE FOOT !
OOOOOH !
... AU POINT D'EN OUBLIER PARFOIS LA PLUS ÉLÉMENTAIRE DÉCENCE ...
ON A GAGNÉ !
... SCORE SE TERMINANT PAR UNE VICTOIRE DE TROIS À ZÉRO ...
ON A GAGNÉ !
ON A GAGNÉ !
... LE SENS DE LA MESURE ...
J'AI RÉUSSI À "PIQUER" SIRKORSKY, LE MILIEU DE TERRAIN, PAR LA FENÊTRE DE SON HÔTEL, EN TRAIN DE SE LAVER LES DENTS ... EN GROS PLAN !
SUPER SCOOP ! TU LA VENDS COMBIEN ?
... ET LE RESPECT DU PROCHAIN ADVERSAIRE ...
QU'EST-CE QUE JE MARQUE ? MINUS, OU LOQUEDUS ?
CEUX DE L'A.S. POUILLEPOT NE SONT QUE DES
PAR CONTRE, LES SUPPORTERS N'HÉSITENT JAMAIS À FAIRE DE LONGS DÉPLACEMENTS POUR ENCOURAGER LEURS ÉQUIPES RESPECTIVES, CE QUI EST BIEN AGRÉABLE ...
HOULÀ !
TUWAWARTA GUEULE !
APPROCHE UN PEU !
LAVEDU TOI-MÊME !
J'TE PARIE UN BILLET DE 100 SUR LES A.S. BIGOUDEN ...
ATTENDS QUE J'T'ATTRAPE ...
AÏE.
TENU.
CETTE FIDÉLITÉ À TOUTE ÉPREUVE EST, QUELQUE PART, TRÈS RÉCONFORTANTE ...

LE SUPPORTER PERSONNEL
IL FAIT UNE FIXETTE SUR VOUS, QUE VOUS SOYEZ EN ÉQUIPE OU PAS...
VOUS NE COMPRENEZ RIEN À CE QU'IL VOUS RACONTE...
JE ME DEMANDE CE QUE VOUS FAITES DANS CETTE ÉQUIPE MINABLE ! VOUS DEVRIEZ ÊTRE DANS L'ÉQUIPE DE FRANCE...
AVEC MES RHUMATISMES ? VOUS RIGOLEZ !
VESTIAIRES
IL VOUS COLLE COMME DU SPARADRAP...
J'AI FAIT TIRER DES PHOTOS DE VOUS, VOUS POURRIEZ METTRE " POUR ALPHONSE, AVEC MON MEILLEUR SOUVENIR..." ?
MAIS JE VOUS EN AI DÉDICACÉ UNE DOUZAINE, DÉJÀ...
EXACT. METTEZ PLUTÔT : "...AVEC TOUTE MON AMITIÉ..."
IL DORT SUR VOTRE PAILLASSON...
MAIS...? QU'EST-CE QUE VOUS FAITES LÀ ?
JE VOUS AI APPORTÉ DES CALISSONS D'AIX...
LE DIMANCHE MATIN, IL NE MANQUE JAMAIS L'UN DE VOS ENTRAÎNEMENTS...
ALLEZ HUBERT... ALLEZ HUBERT, ALLEEEEZ...
QUI C'EST, CE DINGUE ?
CONNAIS PAS.
IL VOUS FAIT DES CADEAUX TRÈS EMBARRASSANTS...
JE VOUS AI PEINT EN PIED ! ÇA VA VOUS PLAIRE...
AAAAH !?!
IL S'INTRODUIT DANS VOTRE VIE DE FAMILLE...
?
???
?!
VOUS SAVEZ QUOI ? VOUS ALLEZ VENIR PASSER VOS VACANCES AVEC MA FEMME ET MOI, DANS LES CAUSSES. Y'A DU BON AIR, LÀ-BAS...
...ET IL FINIT PAR VOUS DÉTESTER, VOUS EN VOULOIR À MORT, ET VOUS JETER DES PIERRES...
314 CARTES POSTALES, QUE JE LUI AI ENVOYÉES, ET PAS UN MOT DE REMERCIEMENT... RIEN !
AUX CHIOTTES LE NUMÉRO 5... AUX CHIOTTES !
RIEN N'EST PLUS DANGEREUX QUE D'INSUPPORTER UN SUPPORTER.

L'INCONTOURNABLE ARBITRE
UN PERSONNAGE QU'ON NE PEUT PAS NE PAS RENCONTRER SUR UN TERRAIN DE SPORT, ET QU'ON DÉTESTE SOUVENT ...
TRIIIIIIIIITS!
LE SIFFLET.
LE CARTON ROUGE.
C'EST GROTHAD QUI ARBITRE LA PARTIE? CATASTROPHE, IL NE PEUT PAS ME SENTIR ...
GROUILLE! DANS QUELQUES MINUTES C'EST L'HEURE.
DU CALME. IL NE PEUT PAS SIFFLER LE DÉBUT DU MATCH, JE NE SUIS PAS SUR LE TERRAIN ...
DÉTAIL IMPORTANT: LE RÔLE DE L'ARBITRE EST DE DÉCIDER DE TOUT
COMMENT ÇA, LA PARTIE EST DÉJÀ ENGAGÉE ?!?
VOUS N'AVIEZ QU'À ÊTRE LÀ!
POF!
MAIS VOUS ÊTES DINGUE!
INSULTE À ARBITRE ? ... CARTON ROUGE!
SORTEZ!
MAIS JE VIENS À PEINE D'ARRIVER!
J'ARRÊTE LE MATCH TANT QUE VOUS NE SEREZ PAS SORTI!
JE SAIS TRÈS BIEN POURQUOI VOUS FAITES ÇA! PARCE QUE MA FEMME EST DANS LES GRADINS, ET QU'ELLE VOUS A TAPÉ DANS L'OEIL ...
UN ARBITRE PEUT VOUS BRISER MENU LE MORAL D'UN JOUEUR SI ÇA LUI CHANTE ...
IL VEUT M'HUMILIER, COMME D'HABITUDE, PARCE QUE TU LUI PLAIS, ET QU'IL VEUT QUE TU LE SACHES ...
C'EST VRAI QU'IL EST BEL HOMME!
N'ATTAQUEZ JAMAIS UN ARBITRE DE FRONT, ÉVENTUELLEMENT ACHETEZ-LE, IL PARAÎT QUE CELA SE FAIT ...

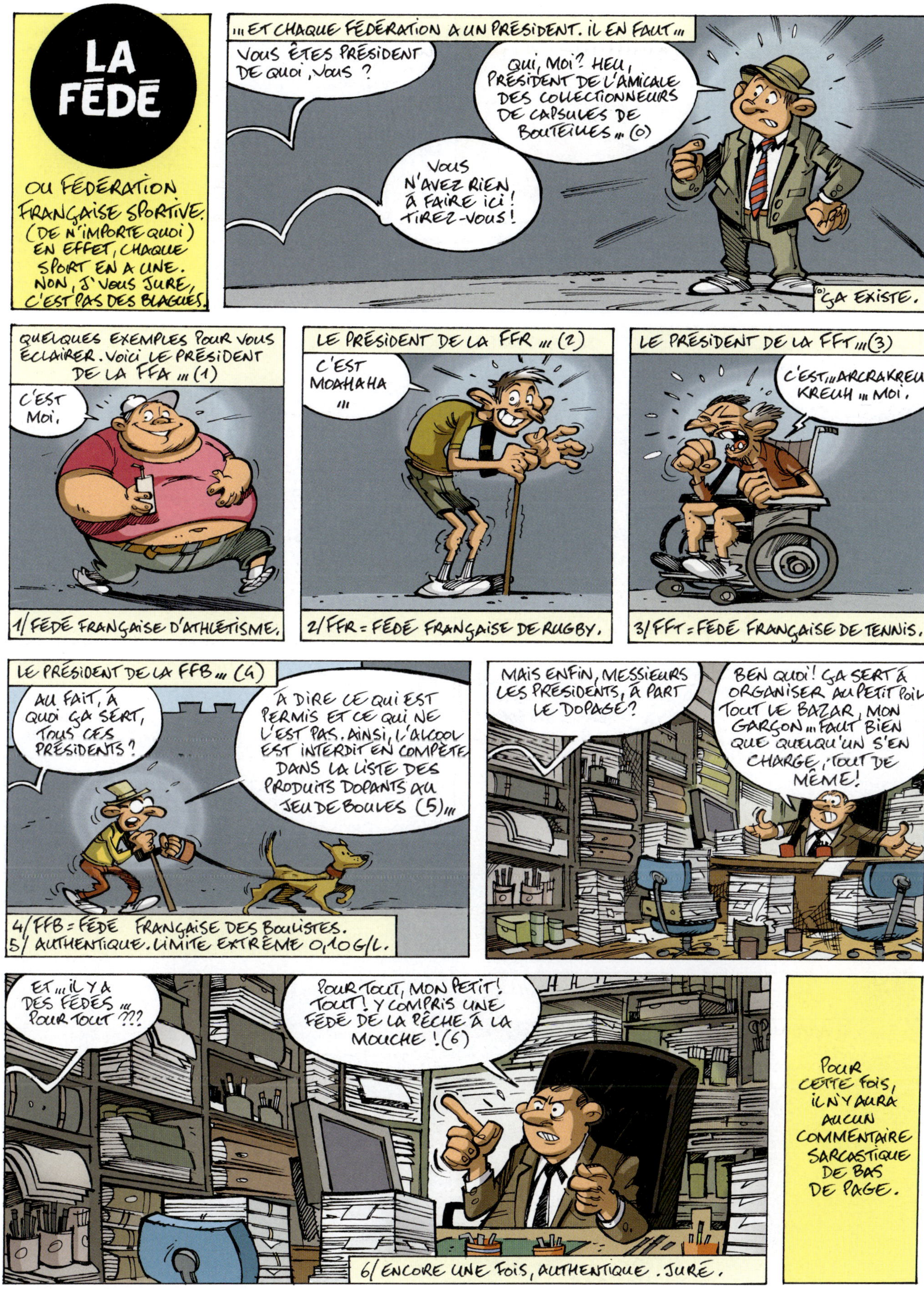
LA FÉDÉ
OU FÉDÉRATION FRANÇAISE SPORTIVE. (DE N'IMPORTE QUOI) EN EFFET, CHAQUE SPORT EN A UNE. NON, J'VOUS JURE, C'EST PAS DES BLAGUES.
... ET CHAQUE FÉDÉRATION A UN PRÉSIDENT. IL EN FAUT ...
VOUS ÊTES PRÉSIDENT DE QUOI, VOUS ?
QUI, MOI ? HEU, PRÉSIDENT DE L'AMICALE DES COLLECTIONNEURS DE CAPSULES DE BOUTEILLES ... (0)
VOUS N'AVEZ RIEN À FAIRE ICI ! TIREZ-VOUS !
0/ ÇA EXISTE.
QUELQUES EXEMPLES POUR VOUS ÉCLAIRER. VOICI LE PRÉSIDENT DE LA FFA ... (1)
C'EST MOI.
1/ FÉDÉ FRANÇAISE D'ATHLÉTISME.
LE PRÉSIDENT DE LA FFR ... (2)
C'EST MOAHAHA ...
2/ FFR = FÉDÉ FRANÇAISE DE RUGBY.
LE PRÉSIDENT DE LA FFT ... (3)
C'EST... ARCRAKREU KREUH ... MOI.
3/ FFT = FÉDÉ FRANÇAISE DE TENNIS.
LE PRÉSIDENT DE LA FFB ... (4)
AU FAIT, À QUOI ÇA SERT, TOUS CES PRÉSIDENTS ?
À DIRE CE QUI EST PERMIS ET CE QUI NE L'EST PAS. AINSI, L'ALCOOL EST INTERDIT EN COMPÉTE. DANS LA LISTE DES PRODUITS DOPANTS AU JEU DE BOULES (5)...
4/ FFB = FÉDÉ FRANÇAISE DES BOULISTES.
5/ AUTHENTIQUE. LIMITE EXTRÊME 0,10 G/L.
MAIS ENFIN, MESSIEURS LES PRÉSIDENTS, À PART LE DOPAGE ?
BEN QUOI ! ÇA SERT À ORGANISER AU PETIT POIL TOUT LE BAZAR, MON GARÇON ... FAUT BIEN QUE QUELQU'UN S'EN CHARGE, TOUT DE MÊME !
ET ... IL Y A DES FÉDÉS ... POUR TOUT ???
POUR TOUT, MON PETIT ! TOUT ! Y COMPRIS UNE FÉDÉ DE LA PÊCHE À LA MOUCHE ! (6)
6/ ENCORE UNE FOIS, AUTHENTIQUE. JURÉ.
POUR CETTE FOIS, IL N'Y AURA AUCUN COMMENTAIRE SARCASTIQUE DE BAS DE PAGE.

ET POUR FINIR UN MOT SUR
LES ANCIENS SPORTIFS
CAR LE SEUL MOYEN DE NE JAMAIS EN ÊTRE UN, C'EST DE NE PAS COMMENCER ...
ÇA VA ÊTRE ENCORE UN CALVAIRE POUR LUI ARRACHER UN MOT ...
FAUT BIEN ALLER LE VOIR DE TEMPS EN TEMPS ...
MAISON DE RETRAITE LES CHARMILLES
IL EST LÀ-BAS ...
HELLO PAPY ! ON T'A APPORTÉ QUELQUE CHOSE DE BON ...
ÇA VA, PAPY ? T'ES CONTENT DE NOUS VOIR ?
TOUT VA BIEN ? T'AS BESOIN DE QUELQUE CHOSE ?
C'EST À CHAQUE FOIS LA MÊME CHOSE. TU CROIS QU'IL NOUS ENTEND ?
COMMENT VEUX-TU QUE JE LE SACHE ... J'AIMERAIS BIEN SAVOIR À QUOI IL PENSE ...

NOUVEAU !

Une collection de guides pour les juniors !

VENTS D'OUEST

Les Guides en BD

Les Guides junior en BD :

Les Guides en BD présentent :
Drôles d'Histoires de...

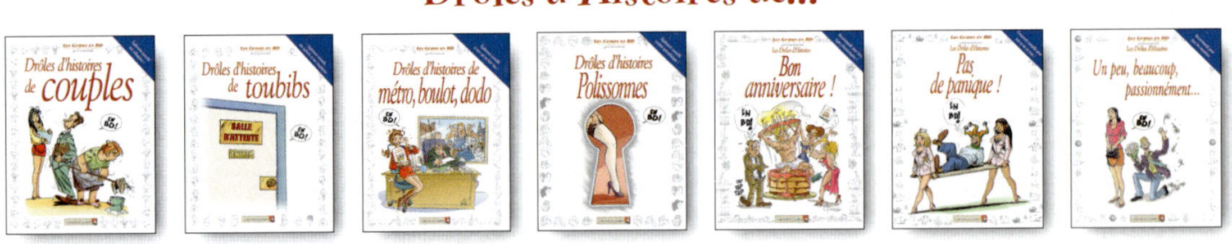

Les Mini-Guides en BD

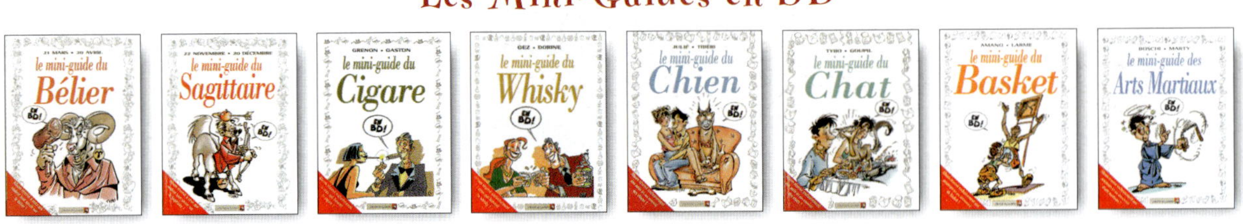

TABLEAU 2

Les Bienfaits

AVANT

AVEC STÉ

SANS ENTRAÎNEMENT

À AFFICHER DANS